Guida completa alla cerimonia simbolica di matrimonio

Perché sceglierla, come funziona, quali riti e simboli esistono

CON 15 ESEMPI DI CERIMONIE

FEDERICA COSENTINO

SIMONE LEONARDI

D1728604

PRIMA EDIZIONE
Marzo 2022

SECONDA EDIZIONE
Febbraio 2024

Foto in copertina: www.tizianagallo.it e www.lunofilms.com

A coloro che guardandosi negli occhi
non hanno bisogno di parole

INDICE

BENVENUTI

Il matrimonio, come tanti eventi importanti nella nostra vita, ha una doppia valenza: da una parte è causa di una grande felicità, ci fa sentire entusiasti, elettrizzati, dall'altra non è facile promettere a qualcun altro che sarai sempre lì per lei o lui, che non fuggirai a gambe levate anche nella più nera delle situazioni, che sarai sostegno e roccia.

Ma il matrimonio è anche una grande occasione per scoprire maggiormente se stessi e l'altro. Nel matrimonio si ha la tranquillità di condividere con il proprio sposo noi stessi totalmente, anche le parti più oscure, sapendo che la nostra metà ha scelto di stare al nostro fianco e non ci abbandonerà. Questo perché, sebbene esista il divorzio, il matrimonio è comunque un legame più stretto, un filo rosso che lega i polsi e non solo i mignoli. Strappare questo filo è molto più complicato e ci sentiamo più tranquilli nel condividere anche aspetti di noi di cui non avremmo parlato a voce alta prima di sposarci.

Eppure, il matrimonio in Italia, ancora oggi, non è neanche lontanamente vicino a ciò che sperò ridiventi nella sua forma più autentica. Un momento concepito come condivisione, espressione di sentimenti, semplicità e sostenibilità. Per la maggior parte delle coppie, la celebrazione e la festa sono un modo per ostentare e sfoggiare ricchezza. Spesso le coppie si sposano in chiesa pur non essendo religiose e ancora oggi, quattro anni dopo l'inizio della mia attività, il matrimonio simbolico è un matrimonio di serie B.

Se stai leggendo questo libro vuol dire che anche tu probabilmente non ti riconosci nel matrimonio come viene inteso in Italia e ti stai approcciando alla cerimonia simbolica per la sua libertà di espressione.

Prima di iniziare però mi presento, mi chiamo Federica e sono la prima Nature Wedding Planner in Italia. Organizzo matrimoni, ma lo faccio in modo nuovo, un mix di organizzazione, simbolismo, amore per la natura e la tradizione. Ho scelto di dedicarmi esclusivamente alle cerimonie simboliche, laiche e spirituali, che hanno un legame forte con la natura e un significato importante per gli sposi.

Il mio obiettivo è rendere questo momento pieno di condivisione con le persone a voi care e con la terra, lontano da sfarzo e spreco. Lavoro nel rispetto della natura e allo spreco preferisco la sostenibilità delle risorse. Per me la natura è un tempio dove potersi scambiare promesse d'amore al cospetto della sacralità del mondo che ci ospita.

Capirai quindi che il mio approccio ai matrimoni è davvero diverso da quello di molti altri in Italia. Per me non si tratta di una festa per apparire, ma di un momento dell'essere. Un momento di passaggio per testimoniare l'amore tra due persone davanti a coloro che sono a loro più vicini.

Al mio fianco c'è Simone, mio marito, che grazie alla sua empatia e alle sue capacità compositive mi aiuta a realizzare i testi delle cerimonie interagendo con le caratteristiche degli sposi e rendendo unica ogni cerimonia composta.

Siamo cresciuti insieme e abbiamo condiviso ogni attimo della nostra vita, dallo studio alla costruzione delle nostre attività lavorative. Aver scritto questo libro insieme e poter lavorare fianco a fianco mi riempie di entusiasmo e mi fa realizzare lavori ancor più speciali per le mie coppie.

Con questa guida voglio quindi portarti all'interno del mondo dei matrimoni e delle cerimonie simboliche, per farti capire che puoi avere un'unione che vi rappresenti davvero e che sia un momento importante, significativo e sentito.

CAPITOLO 1
IL MATRIMONIO IN CHIESA

In Italia la cerimonia religiosa cristiana, anche se in decremento, rimane ancora la più frequente. Spesso questo non è dovuto alla fede degli sposi, ma a scelte ben più pratiche.

Se stai leggendo questa guida significa che non sei cristiana, altrimenti la tua scelta sarebbe ricaduta immediatamente sulla cerimonia della tua religione. Probabilmente però ti sarai chiesta se non sarebbe una buona idea sposarti comunque in chiesa, sacrificando la tua spiritualità pur di seguire la tradizione e rendere felici i parenti. La mia risposta è NO, non è una buona idea!

Ho visto spesso amici che pur non essendo neanche lontanamente cristiani hanno comunque seguito tutto l'iter del corso prematrimoniale, facendosi venire il mal di pancia, pur di sposarsi in chiesa.

Ho visto spose giurare parole che non sentivano proprie pur di avere delle belle foto.

Questo succede non perché uno dei due sia cristiano, ma perché:

- la nonna ci sarebbe rimasta male
- la suocera ci sarebbe rimasta male
- e cosa avrebbe detto la gente?
- siamo italiani, la tradizione è questa
- mi sarei anche sposata in comune, ma la cerimonia è così fredda
- la chiesa è bellissima, ho sempre sognato di entrare nella navata in abito bianco.

Sarò banale ma queste non sono motivazioni valide.

Non capisco perché due persone che hanno una propria spiritualità, una propria storia, delle proprie idee, dovrebbero farsi andar bene una religione che non condividono, quando

3

potrebbero avere una cerimonia che li rappresenti e che possa rappresentare anche la loro spiritualità e le loro convinzioni.

Inoltre, adottare il rito cristiano se non si è religiosi, trovo che sia una mancanza di rispetto verso chi invece lo è e ha scelto questa cerimonia perché corrisponde alla propria spiritualità.

Ognuno deve poter esprimere se stesso nella propria cerimonia e nella propria vita.

CAPITOLO 2
IL MATRIMONIO IN COMUNE

Il matrimonio in comune, o matrimonio civile, è l'unico ad avere valore legale in Italia. Spesso quando le coppie approdano alla decisione della propria cerimonia, si domandano se quella civile possa fare al loro caso. Se decidete di sposarvi, in ogni caso dovrete recarvi in comune per firmare, ma fare di questa la vostra cerimonia principale non è sempre una buona idea.

Su questo tipo di cerimonia ho poco da dire, il matrimonio in comune può andar bene solo se la coppia non vuole introdurre all'interno della propria cerimonia niente di sé.
La cerimonia in comune è totalmente spersonalizzata, non ci sono riferimenti a voi, né riti apparte lo scambio degli anelli e le firme. La cerimonia in totale dura dieci minuti. Niente entrate separate, niente ritualità, niente sacralità.
Presumo vorrete introdurre qualcosa di voi nel vostro matrimonio, quindi la soluzione migliore sarebbe relegare ad un giorno qualsiasi la firma in comune e considerare come cerimonia del matrimonio quella simbolica, a cui seguirà rinfresco e festa.

Ci sono anche altre soluzioni che potete adottare per avere una cerimonia simbolica con valore legale, le vedremo nei prossimi capitoli.
Non spaventarti, non è una cosa strana dividere il giorno della firma in comune da quello della cerimonia vera e propria.
Fino al 1985, era così per qualsiasi matrimonio, anche per quelli che si svolgevano in chiesa. Gli sposi si recavano qualche giorno prima o dopo a firmare in comune e il giorno del matrimonio la cerimonia era solo religiosa.

CAPITOLO 3
IL MATRIMONIO SIMBOLICO

Nell'antichità la cerimonia del matrimonio serviva come contratto ed era il modo con cui la coppia si faceva riconoscere come tale da chi faceva parte della comunità. Spesso addirittura non serviva una vera e propria cerimonia o un contratto per essere considerati sposati, ma bastava vivere insieme o avere una relazione sessuale per essere tali.
Il suo scopo oggi rimane esattamente lo stesso.

Il matrimonio simbolico non ha un rito fisso. Si basa sulla sacralità di una promessa che ripercorre la vostra storia, fatta di ricordi e simboli importanti per voi. È per questo motivo che è diverso per ogni coppia.

La cerimonia simbolica non appartiene a nessuna religione, non ha valore legale ma è ricca di significato per le due persone che decidono di legarsi per la vita.
Questa cerimonia dona una grande flessibilità: nella scelta del luogo, negli allestimenti ma soprattutto nel contenuto, che può includere le idee, i valori e la spiritualità degli sposi, se lo desiderano.

La cerimonia simbolica è entrata nei matrimoni italiani da poco tempo, soprattutto a causa della tradizione cristiana del nostro paese, ma inizia ad essere molto in aumento proprio grazie al fatto che è personale e non si basa su dogmi e regole.

Molte persone pensano che coloro che non sono religiosi non abbiano una propria spiritualità o dei propri valori.
Naturalmente questo è sbagliato, non essere religiosi non significa non avere una propria spiritualità, né tanto meno non avere valori e ideali. Religione e spiritualità, infatti, non sono la stessa cosa. Possiamo dire che la spiritualità sia la risposta alle grandi domande della vita, a cui ognuno risponde in modo

diverso, mentre la religione si forma quando più persone riconoscono di avere una spiritualità simile e si mettono insieme, creando regole e dogmi che regolino la loro convivenza spirituale. C'è una grande differenza tra le due cose e non essere religiosi non significa non essere spirituali.

Eppure, ancora oggi sento dire che un matrimonio simbolico non ha la stessa importanza di uno cristiano.

Quasi come se il matrimonio con cerimonia simbolica, che sia spirituale o meno, fosse un matrimonio di serie B e non la celebrazione dell'amore di due persone che decidono di legare le proprie vite.

In un prossimo capitolo ti parlerò di come rispondere ai pregiudizi di chi ti è vicino, ma per adesso ti dico solo: l'unione è vostra e vostra deve rimanere, deve rappresentarvi e deve risuonare con voi.

Come ti dicevo, questa è la cerimonia perfetta per mettere tutti sé stessi all'interno del proprio matrimonio: la propria spiritualità, le proprie convinzioni, il proprio modo di vedere il mondo e la condivisione con gli altri, ma soprattutto il proprio modo di amare, che non è uguale per tutti ed è bello che nel giorno in cui questo amore viene celebrato sia presente ed espresso.

Non esisterà mai un'altra cerimonia, di un'altra coppia, che sia uguale alla vostra. Così come non esistono altre due persone identiche a voi. Questo lo trovo bellissimo ed è ciò che renderà emozionante, bello e unico il vostro matrimonio.

Inoltre, la cerimonia civile non può essere effettuate ovunque vogliate, mentre quella simbolica dona totale libertà di scelta. Potrete scegliere il luogo dove siete andati in campeggio la prima volta, oppure la spiaggia dove vi siete dati il primo bacio. Potrete scegliere n luogo che vi sia caro.

I PREGIUDIZI SULLA CERIMONIA SIMBOLICA

Non tutti gli sposi arrivano però a scegliere questa cerimonia come propria, sebbene sia perfetta per loro e per le loro convinzioni, la loro spiritualità e la loro storia. Alcuni non la scelgono per paura, delle persone e dei pregiudizi. Uno dei problemi è sicuramente la non accettazione in Italia verso ciò che non è "normale".

È vero che, soprattutto negli ultimi anni, la cerimonia simbolica è entrata nei matrimoni, ma è altrettanto vero che se dirai a tua nonna che non ti sposerai in chiesa, lei strabuzzerà un attimo gli occhi, chiedendoti se non abbiate d'un tratto perso il senno.

Ci sono vari motivi per cui amici e familiari potrebbero reagire così, la maggior parte sono convinzioni sbagliate che potreste avere anche voi; quindi, dedico un momento per farti scoprire e smontare tutti i pregiudizi che negli anni ho sentito intorno a me, perché possano esserti d'aiuto a scegliere ciò che è meglio per voi, senza paura di cosa diranno gli altri.

Uno dei primi pregiudizi è sicuramente questo: esistono solo due cerimonie valide, quella cristiana e quella civile. Il matrimonio simbolico quindi è finto.

Questo è in genere il primo pensiero sulla cerimonia simbolica. Per rispondere a questo punto dobbiamo ritornare al 1929, anno in cui sono stati sanciti i Patti Lateranensi, che permettono di avere la validità civile del matrimonio cattolico. Attualmente il matrimonio concordatario (cioè il matrimonio cristiano valido anche legalmente) è regolato dall'art. 8 della legge 25 marzo 1985. Prima del 1985 si facevano due cerimonie, una in comune, con valore legale, ed una in chiesa. Il matrimonio cristiano non aveva alcun valore legale senza aver celebrato anche quello civile. Anche adesso, se non si firmano i documenti validi civilmente, esso continua a non avere valore legale (si chiama matrimonio segreto, per cui servono dei permessi, ma è ancora oggi esistente). Ora, come nell'antichità, quindi, la religione si insinua nella celebrazione solo per quanto riguarda il rituale, ma non nella

legittimità, che è data dalla firma dei due sposi davanti a dei testimoni.
L'unico matrimonio valido legalmente è, quindi, quello civile, qualsiasi altro rito, non ha valore legale.

Dobbiamo poi aprire una parentesi sulla storia. La cerimonia simbolica è la prima cerimonia esistente nella storia del mondo. I simboli sono da sempre un linguaggio universale, utilizzati da quando l'uomo è nato, per dare significato alle cose, per esprimere concetti, per raccontare storie. La cerimonia simbolica non è finta e non è un'invenzione moderna, semmai è la vera essenza di ogni rito, poiché ogni rito ha un significato simbolico.

La cerimonia simbolica è data dall'utilizzo di uno o più simboli che rappresentino l'unione. Per questo qualsiasi cerimonia è simbolica, anche quella civile o quella religiosa cristiana lo sono. Basti pensare alle fedi, che simboleggiano l'unione eterna, o a tutti i riti che vengono compiuti in chiesa e che sono tutti riti simbolici.
Nell'antichità non tutti i popoli avevano riti di matrimonio, ma coloro che li avevano utilizzavano simboli per rappresentare l'unione tra due persone e questi simboli sono quelli che utilizziamo ancora noi oggi: il cerchio, le mani, la coppa, la candela, per esempio.

Alcuni dei riti di cerimonie simboliche esistenti oggi traggono le loro origini da rituali ancora più antichi del cristianesimo, basta pensare ad esempio all'Handfasting, di origine celtica, al rito della luce o al rito dei quattro elementi, che vedremo dopo.

Il secondo pregiudizio: la cerimonia simbolica è fredda e non è spirituale.

La cerimonia simbolica è creata dagli sposi ed è spesso la narrazione di loro stessi attraverso simboli e gesti oltre che attraverso parole, canzoni, poesie. Mette a nudo le loro anime l'una davanti all'altra, non c'è quindi niente di meno freddo.

Inoltre, come abbiamo detto prima, molte persone confondono religione e spiritualità. Non essere religiosi non significa non avere una propria spiritualità, quindi, non sposarsi in chiesa non significa non poter avere una cerimonia ad alto livello spirituale se lo si desidera.

La cerimonia simbolica infatti, come vedremo dopo, può essere laica e non contenere nulla di ciò in cui credete, ma può anche essere spirituale e raccontare delle vostre idee e convinzioni attraverso simboli, ritualità e racconti.

Ed infine, il terzo pregiudizio: la cerimonia simbolica vi farà fare brutta figura

In tutte le cerimonie simboliche che ho organizzato e a cui poi ho partecipato, non è mai capitato che la cerimonia non piacesse o gli ospiti fossero poco interessati.

Non ho mai visto ospiti fuori dalla zona della cerimonia, annoiati a fumare.

Bisogna però avere degli accorgimenti per quanto riguarda il celebrante e la scrittura della celebrazione e questa guida è nata proprio per questo.

In generale, comunque, la più grossa preoccupazione degli sposi sono i genitori e i nonni, che spesso, nella nostra cultura, sono ancora molto legati ad un retaggio cristiano.

"Si è sempre fatto così" è la loro frase preferita, legata ad un passato dove non essere cristiani significava la vergogna e dove non sposarsi in chiesa significava avere qualcosa da nascondere.

Ora per fortuna non è così, ma il retaggio è rimasto. Spesso non ci si pensa neanche, si procede dritti per la strada battuta, perché è la più facile, la più sicura e non farà parlare i vicini. Credo però che sia fondamentale poter esprimere sé stessi e le proprie idee, anche e soprattutto in uno dei giorni più importanti della propria vita e voglio davvero che le coppie che si sposano lo facciano nel modo che più sentono loro.

La tradizione sarà sicuramente la strada più breve, facile e sicura, ma se non è quella che ti renderà più felice allora devi spiegarlo ai tuoi genitori. Magari sanno che non siete cristiani, ma non si aspettano che vi spingiate fino a questo punto. E non centra la fede, sia chiaro, ma la pura e semplice paura che gli altri parlino male di loro e di voi. Hanno paura di fare brutta figura e l'unico modo di rassicurarli, sempre che vi interessi farlo, è quello di dimostrargli che sapete ciò che fate.

CAPITOLO 4
LA CERIMONIA SIMBOLICA
CON VALORE LEGALE

Come abbiamo detto, la cerimonia simbolica non ha valore legale e sarà necessario, se desiderate che il matrimonio valga civilmente, recarvi in comune per firmare i registri in un giorno che sia diverso da quello designato come celebrazione simbolica.

È possibile però un'altra via, ovvero quella di unire le due cose e fare sia la celebrazione simbolica che quella civile nello stesso luogo e nello stesso momento.

Per fare questo però dobbiamo osservare alcune limitazioni:

• Prima di tutto è fondamentale che la location dove vogliamo celebrare l'unione, abbia l'autorizzazione da parte del comune per poter trasportare al suo interno i registri. Questo significa che la location deve aver firmato degli accordi con il comune e deve quindi essere diventata "Casa comunale", luogo adatto a svolgere un matrimonio civile.

• Il secondo punto: dovrete rivolgervi al sindaco per capire chi dell'ufficio celebrerà il vostro matrimonio e quindi chiedere a questa persona se è disposta a fare una co-celebrazione con il vostro celebrante. Questo è necessario se volete unire la celebrazione civile con una simbolica e, se volete che si svolgano nello stesso momento, è necessario che il sindaco, o chi per lui, acconsenta.

• A questo punto, una volta avuta l'autorizzazione, dovrete creare un rito (insieme al vostro celebrante) che comprenda ed inglobi nel modo migliore la parte civile della cerimonia. Dovrete decidere dove inserire la firma sui registri, la lettura degli articoli e come correlare il tutto, con musica e parole.

PRO E I CONTRO DI UNA CERIMONIA
SIMBOLICO – CIVILE:

Due lati positivi includono in fatto che non dovrete recarvi in comune un altro giorno per dare valore legale al vostro matrimonio e che una cerimonia che ha valore legale subisce sicuramente meno pregiudizi da parte degli invitati.

I lati negativi sono invece di più:

• Potrete scegliere tra meno location (solo tra quelle che hanno un accordo con il comune) e non potrete avere una cerimonia completamente nella natura perché la firma dei registri non può avvenire se non in alcune zone ben delimitate delle strutture con accordo, che spesso non comprendono un luogo esterno alle sale.

• Dovrete chiedere al sindaco o a chi celebrerà il vostro matrimonio per lui, il consenso a partecipare alla cerimonia insieme ad un altro celebrante. La cerimonia durerà verosimilmente di più di una cerimonia in comune, quindi, bisognerà farglielo presente e non è detto che sia favorevole.

• È più complicato gestire una cerimonia ed un rito dove devono incastrarsi due forme diverse (quella simbolica/spirituale/personale e quella puramente legale).

CHI PUÒ CELEBRARE IL MATRIMONIO CIVILE

La cerimonia civile può essere celebrata da:

• Un sindaco, anche di un comune diverso da quello nel quale risiedete. Si legge infatti al punto 67 del D.P.R. 3 novembre 2000, n. 396: "L'ufficiale dello stato civile che, valendosi della facoltà concessa dall'articolo 109 del Codice civile, richiede un altro ufficiale per la celebrazione del matrimonio deve esprimere nella richiesta il motivo di necessità o di convenienza che lo ha indotto a fare la richiesta stessa".

- Un delegato del comune. "le funzioni di ufficiale dello stato civile possono essere delegate ai dipendenti a tempo indeterminato del comune, previo superamento di apposito corso, o al presidente della circoscrizione ovvero ad un consigliere comunale che esercita le funzioni nei quartieri o nelle frazioni, o al segretario comunale."; inoltre "per la celebrazione del matrimonio, le funzioni di ufficiale dello stato civile possono essere delegate anche a uno o più consiglieri o assessori comunali o a cittadini italiani che hanno i requisiti per la elezione a consigliere comunale.".

- Un amico/a. Il matrimonio con rito civile può essere celebrato anche da un qualunque cittadino italiano purché sia maggiorenne e goda dei diritti civili e politici. Non può ovviamente celebrare il matrimonio chi non soddisfa i requisiti di cui sopra, cioè chi non gode di tutti i diritti civili e politici e chi non ha ancora compiuto il diciottesimo anno d'età. Inoltre, "L'ufficiale dello stato civile non può ricevere gli atti nei quali egli, il coniuge, i suoi parenti o affini in linea retta in qualunque grado, o in linea collaterale fino al secondo grado, intervengono come dichiaranti", quindi non può celebrare il vostro matrimonio civile un vostro parente stretto. Potrà farlo solo un parente non diretto (linea collaterale) fino al secondo grado.

CAPITOLO 5
SCEGLIERE IL CELEBRANTE

Una volta che avrete capito cosa desiderate e se la cerimonia simbolica fa per voi, tralasciamo la valenza civile o meno della celebrazione e soffermiamoci sul trovare un celebrante che sia adatto.

Il ruolo di celebrante per una cerimonia simbolica che non ha valenza legare può essere assunto da chiunque. Le opzioni che avete sono due: scegliere un celebrante professionista oppure un vostro amico/parente.

Questa guida può esservi utili in entrambi i casi. Se sceglierete un celebrante professionista saprete già cosa chiedergli, cosa volete che sia inserito nella cerimonia e in che modo. Sarà poi compito suo scrivere la celebrazione in accordo con i vostri desideri. Se sceglierete invece un vostro amico o parente, sarà compito vostro scrivere la celebrazione e quindi questa guida risulterà fondamentale.

I CELEBRANTI PROFESSIONISTI

Per via del mio lavoro, ho conosciuto davvero tantissimi celebranti professionisti. Mi spiace dire però che ritengo validi solo pochissimi di loro. Molti non hanno alcuna etica, non guardano alla sostenibilità, propongono sempre gli stessi riti a tutte le coppie. Alcuni hanno addirittura una cerimonia unica che riadattano matrimonio dopo matrimonio. Ho smesso di collaborare con i celebranti molto tempo fa. Ho mantenuto solo una collaborazione con una ragazza che ritengo essere valida. Nel tempo ho formato due miei celebranti, in modo da poter offrire ai miei sposi un servizio che ritengo ben fatto e che renda la cerimonia il momento fondamentale che è giusto che sia.

Mi raccomando di fare attenzione. Troverete online alcuni "celebranti" che sono in realtà attori, che propongono di vestirsi da sindaco o da prete per celebrare finte cerimonie civili e cristiane. Naturalmente è illegale portare la fascia tricolore, pur non essendo sindaco, ma in ogni caso lo trovo anche molto immorale.

UN AMICO O PARENTE

Con il passare degli anni sempre più coppie hanno deciso di affidare questo fondamentale compito a parenti e amici e non potrei esserne più felice.

All'inizio lo ammetto, ero scettica. Sarà in grado l'amico di reggere la pressione e non svenire davanti a tutti? Sarà in grado di gestire centinaia di persone?
Dopo due matrimoni di due mie coppie celebrati da amici, ero estasiata e completamente convinta: i matrimoni celebrati da amici e parenti sono i più emozionanti!

L'emozione di una persona che vi conosce, la gioia nei suoi occhi e magari anche un po' di imbarazzo, un piccolo discorso sul perché lui o lei si senta felice di far parte di questo vostro giorno: non hanno prezzo e superano qualsiasi celebrante professionista.

In ogni caso però è necessario che la cerimonia sia scritta bene, abbia un buon ritmo, un buon livello di condivisione. Visto che spesso amici e parenti non sanno rendere questi aspetti, ho iniziato a scrivere le cerimonie per i miei sposi e me ne sono innamorata follemente.
È bellissimo ascoltarli parlare di loro, del perché delle loro scelte, dei loro valori. Visto che però non posso scrivere centinaia di cerimonie al mese, è nato questo libro. Spero sia per voi un modo per scrivere da soli la celebrazione, rendendola bella, equilibrata ed emozionante.

CAPITOLO 6
CERIMONIA SIMBOLICA E RITO DI UNIONE

Prima di poter andare avanti, dobbiamo distinguere tra i termini: Cerimonia simbolica e Rito di unione. I due hanno, infatti, significati diversi, sebbene spesso li veda utilizzati in modo intercambiabile.

In realtà, la cerimonia simbolica è tutta la celebrazione del matrimonio, a partire dall'arrivo degli ospiti, fino al momento in cui gli sposi escono dal luogo della celebrazione.

Il rito di unione, invece, è solo un momento della cerimonia, il più importante, ovvero l'attimo nel quale le due persone che vogliono unirsi, diventano effettivamente una famiglia.

CAPITOLO 7
TIPOLOGIE DI CERIMONIE SIMBOLICHE

Personalmente, divido le cerimonie simboliche in due gruppi:

1. Le cerimonie simboliche laiche, ovvero quelle cerimonie che non sono religiose, né spirituali e che parlano esclusivamente della coppia.

2. Le cerimonie simboliche spirituali, ovvero quelle cerimonie che non sono religiose, ma rispecchiano la spiritualità degli sposi e possono rifarsi ad elementi di altre culture o religioni.

Non esiste una tipologia migliore e una peggiore. Se siete spirituali preferirete creare una cerimonia che rispecchi la vostra spiritualità. Se non lo siete, sceglierete una cerimonia laica.

Entrambe si trattano allo stesso modo.

Nella sezione delle cerimonie di esempio, le troverete contrassegnate con un simbolo diverso per rendervi semplice la ricerca.

CAPITOLO 8
I RITI DI UNIONE

Quando ci si approccia per la prima volta al matrimonio simbolico, una delle prime cose che viene da chiedersi è: come possiamo rendere il momento dell'unione significativo? In fondo non è un matrimonio in comune, quindi non ci saranno le firme dei registri a segnare il momento dell'unione, e non è un matrimonio in chiesa; quindi, non ci sarà la classica frase "vuoi tu..." (a meno che non lo desideriate).

Quindi, come creiamo l'unione? Come testimoniamo questo momento? Da sempre lo si è fatto creando un rito, una ritualità, un insieme di gesti, frasi e simboli che ci fanno passare dal momento in cui siamo due persone distinte, al momento in cui diventiamo una famiglia. Questo rito, chiamato Rito di unione, segna il passaggio.

In questo capitolo voglio darti un'idea di quali riti di unione esistono e di quale possa essere il più adatto a voi come coppia ed al luogo che avete scelto per la vostra unione.

In questi anni di lavoro nel mondo dei matrimoni, ho visto tantissime cerimonie e altrettanti riti di unione. Spesso però questi riti sono completamente distaccati dalla naturalità del luogo e dall'idea simbolica che c'è dietro.
Per spiegare cosa intendo, faccio sempre un esempio: una volta ho assistito ad un matrimonio simbolico, celebrato in montagna, dove come rito di unione era stato scelto il rito della sabbia.
Naturalmente non c'è niente di male, ma, a ben pensarci la sabbia non è assolutamente un elemento adatto al contesto della montagna e avrebbe avuto più senso, semmai, utilizzare la terra.
Per di più, la sabbia che veniva mischiata dagli sposi in un contenitore, era di due colori diversi: rosa e azzurra.
Naturalmente la sabbia in natura non ha colori simili, a meno di particolari tipologie, per fortuna protette. Utilizzare il rito della

sabbia in montagna per me non ha senso, ma ancora peggio è utilizzare delle sabbie colorate chimicamente, in qualsiasi luogo ci troviamo.

Esistono modi meravigliosi per testimoniare la propria unione e questi possono essere allo stesso tempo rispettosi della natura, con un importante significato simbolico e belli da vedere. In questo capitolo quindi ti parlerò dei vari riti simbolici di unione che conosco e che ho inventato.

I riti di unione possono essere completamente inventati, oppure possono prendere spunto da riti più antichi, utilizzati da popolazioni, spesso precristiane. Consiglio sempre, quindi, quando un rito ci rimane nel cuore, di informarci su quale sia la sua origine, in modo da onorarla e non snaturarla.

Ogni rito ha, inoltre, una particolare vicinanza ad uno degli elementi naturali. È così da sempre poiché l'uomo fa parte della natura e, fino a non molto tempo fa, sapeva di appartenerle. Amo molto gli elementi e spesso mi ritrovo a consigliare ad una coppia un rito piuttosto che un altro anche in base alla loro personalità. Devi sapere, infatti, che ogni elemento è legato ad una certa sfera di significato:

ELEMENTO ARIA: è un elemento maschile. Rappresenta l'energia vitale ed è associata alla comunicazione con se stessi e con gli altri, alla socievolezza, al mutamento, alla flessibilità, alla leggerezza nelle cose. Riguarda tutte le facoltà dell'intelletto e della mente: la parola, la creatività, il pensiero, l'arte, la musica, l'immaginazione, il canto, la risata, il divertimento mentale, la poesia e l'ispirazione.

ELEMENTO FUOCO: è un elemento maschile. Rappresenta l'azione, l'inizio delle cose, la vitalità esuberante. Ad esso sono associate le qualità del coraggio, della forza, della passione e della determinazione.

ELEMENTO ACQUA: è un elemento femminile. Rappresenta l'elemento vitale da cui tutto nasce, il grembo, la fonte del nutrimento e da sempre è il legame con la spiritualità. All'acqua sono associate la flessibilità, le emozioni che fluiscono, la ricettività. È l'elemento dell'interiorizzazione, che dona purificazione, movimento, comprensione.

ELEMENTO TERRA: è un elemento femminile. Rappresenta la fertilità, anche creativa, il nutrimento e per questo motivo è legata alle cose terrene, alla materialità. Ad essa sono associate le qualità di forza, costanza e pazienza e dona abbondanza materiale.

Per questo motivo nei vari riti troverai sempre un riferimento all'elemento a cui sono più legati.

I riti non sono suddivisi in "riti per cerimonie simboliche laiche" e "riti per cerimonie simboliche spirituali". Questo perché tutti i riti possonon essere utilizzati per entrambe. Semplicemente se si vorrà una cerimonia spirituale si utilizzerà un rito per il suo significato simbolico e lo si spiegherà agli ospiti. Inoltre, i riti possono essere modificati per ampliarne la simbologia. Se invece si è optatto per una cerimonia laica, si sceglierà un rito che ci piace per un certo motivo, ma non si farà leva, nella comunicazione, sul suo significato profondo.

All'interno della tua cerimonia, ti consiglio di scegliere un rito principale che rappresenti la vostra unione. Se volete però aggiungerne degli altri che vi piacciono, potete farlo. I riti che troverai sotto sono utilizzabili anche contemporaneamente, non devi per forza sceglierne solo uno.

.

IL RITO DELLA LUCE

ELEMENTO: Questo rito è vicino all'elemento fuoco.

STORIA: La luce e il fuoco sono elementi importanti da sempre nella storia dell'uomo. Nel mondo celtico ogni grande festività dell'anno era accompagnata da grandi fuochi, che avevano anche un significato simbolico importante. Questo rito sembra quindi risalire ad un tempo molto antico. Anche se non si sa con esattezza quando sia entrato a far parte dei matrimoni, si sa che era utilizzato in Irlanda.

COME SI SVOLGE: Simboleggia l'unione di due anime e il loro intento in comune di alimentare una vita insieme. I due sposi, ognuno con la propria candela, ne accendono una terza. Questa sarà conservata nella casa coniugale e sarà accesa a ogni anniversario.

Un'altra possibilità, anche per coinvolgere gli ospiti, è quella di far accendere ad ogni ospite la candela di quello a fianco, per arrivare alle candele dei genitori degli sposi, che accenderanno poi quella del proprio figlio o figlia. Solo allora gli sposi accendono la candela centrale. Il rito può essere abbreviato coinvolgendo solo i genitori.

AVVERTENZE: in caso di vento questo rito sarà impossibile da officiare. Quindi, se avete predisposto di fare una cerimonia all'aperto e di voler utilizzare il rito della luce, meglio prevedere un piano b, con un secondo rito a cui passare in caso di vento.

IL RITO DEL CALORE DEGLI ANELLI

ELEMENTO: Questo rito è vicino all'elemento terra.

STORIA: L'azione di stringere tra le mani un certo oggetto per imprimergli la propria energia è antica quanto il mondo. Da sempre l'uomo ha fatto uso delle sue mani per lasciare qualcosa agli altri e alla Terra.

COME SI SVOLGE: Per poter donare agli anelli, o a qualsiasi altro dono che gli sposi vogliono farsi, l'energia e la benedizione di coloro che partecipano alla cerimonia, le fedi nuziali vengono fatte passare tra le mani degli invitati, che vi imprimono il proprio augurio silenzioso.

Un'altra opzione è quella di creare una staffetta nelle settimane precedenti al matrimonio, per cui gli anelli o il dono passeranno di casa in casa dei parenti e degli amici più stretti, che proteggeranno il dono e lo passeranno alla persona successiva, fino ad arrivare ai genitori degli sposi, a un testimone o a una persona designata che avrà il compito di portarli con sé il giorno del matrimonio.

IL RITO DELLA PIETRA DEL GIURAMENTO

<u>ELEMENTO</u>: Questo rito è vicino all'elemento terra.

<u>STORIA</u>: Così come per il calore degli anelli, anche per la pietra del giuramento l'intenzione è quella di imprimere in essa l'energia del momento. Inoltre, le pietre hanno sempre avuto un'importanza particolare nel mondo antico. Venivano venerate, così come venivano venerati gli alberi millenari e questo lo vediamo dai tantissimi reperti megalitici e pietre incise trovate in giro per il mondo. Nella forma odierna questo rito è di origine scozzese.

<u>COME SI SVOLGE</u>: Il rito consiste nel porre i voti nuziali in una pietra. Gli sposi la tengono in mano nel momento in cui si dicono le promesse (o anche solo un pensiero) l'un l'altro. Con la pietra del giuramento si ricerca la benedizione degli antenati e della terra. Al termine della cerimonia, la pietra viene donata agli spiriti del luogo e lasciata andare in un corso d'acqua.

In alternativa la si può conservare, sotterrandola nel proprio giardino, oppure tenendola nella propria casa come ricordo di questo momento importante.

È bellissima anche l'idea, se si sceglie una bella pietra, magari un geode o un minerale, di esporla in casa sotto una teca che la protegga.

IL RITO DELLA SABBIA

ELEMENTO: Questo rito è vicino all'elemento terra, ma in una variante è più legato all'elemento aria.

STORIA: Si pensa che questo rito abbia origine tra i popoli nativo-americani o tra le popolazioni hawaiane in tempi lontani. Sicuramente è un rito legato a quelle popolazioni che abitavano il deserto oppure le coste (in tempo molto successivo).

COME SI SVOLGE: Simboleggia l'unione di due vite in una sola pur mantenendo ognuno la propria identità individuale. Durante la cerimonia i due sposi mischiano la propria quantità di sabbia in un terzo contenitore.

Questo è forse il rito che è stato più bistrattato nel tempo. La sabbia naturale è stata sostituita con colori improbabili di sabbia colorata chimicamente e questo rito viene utilizzato anche in luoghi che non hanno alcun contatto possibile con la sabbia.

Credo che l'etica e la coerenza siano importanti, anche durante un matrimonio. Quindi capirai bene perché il rito della sabbia che utilizza sabbie colorate chimicamente lo ritengo profondamente poco etico. In questo mondo, materialista e consumistico, il matrimonio ha perso sempre di più il proprio vero significato profondo. La sabbia naturale è stata sostituita con colori improbabili di sabbia colorata chimicamente e questo rito viene utilizzato anche in luoghi che non hanno alcun contatto possibile con la sabbia.

Se l'idea di utilizzare la sabbia con il significato che ti ho esposto prima ti piace, allora puoi scegliere di dargli un vero significato importante e scegliere una sabbia che davvero abbia un valore affettivo, da un luogo che vi è caro. E se proprio volete che abbia aspetti diversi potete mischiare ognuno la propria sabbia ad un fiore secco diverso, così che sia riconoscibile quella di uno e quella dell'altro.

Se invece ti interessa di più il suo significato di evoluzione dovuta all'erosione delle rocce e dello scorrere del tempo e l'adattamento al luogo e alle situazioni, allora potresti pensare di utilizzarla lo stesso, ma con un rito un po' diverso.

Entrambi gli sposi hanno il proprio contenitore con la propria sabbia, raccolta in un luogo che amano, ma, invece che rinchiuderla in un contenitore, la fanno cadere insieme, in un rigagnolo, in modo che questa cadendo si mischi e corra via nell'acqua.

Il rito può avere anche la variante per cui il celebrante fa disporre le mani degli sposi una sopra l'altra e poi fa scivolare la sabbia su di esse, a simboleggiare il tempo che unisce due anime.

AVVERTENZE: in caso di vento questo rito sarà impossibile da officiare. Quindi, se avete predisposto di fare una cerimonia all'aperto e di voler utilizzare il rito della sabbia, meglio prevedere un piano b, con un secondo rito a cui passare in caso di vento.

IL RITO DELLA TERRA

ELEMENTO: Questo rito è vicino all'elemento terra.

COME SI SVOLGE: Se l'idea del rito della sabbia ti piace tantissimo ma non rispecchia il luogo dove hai scelto di fare il matrimonio, perché non utilizzare la terra? Quale elemento migliore per rappresentare la fertilità, la creativa che una famiglia che si forma simboleggia? Potete semplicemente mischiare la terra che ognuno ha nel proprio contenitore in un contenitore più grande, ma potete anche decidere di aggiungere un bulbo, il simbolo di qualcosa di nascosto sottoterra, che in primavera, ogni anno rinasce.

Un'altra opzione è quella di piantare nella terra appena mischiata un albero o un bonsai, che diventerà oggetto di cura degli sposi nella loro casa.

IL RITO DELLE ERBE

ELEMENTO: Questo rito è vicino all'elemento terra.

STORIA: Le erbe avevano una valenza importante per gli antichi. La guarigione dipendeva dal saperle riconoscere e, pertanto, alcune avevano un posto speciale nella cultura.

COME SI SVOLGE: Gli sposi scelgono prima del matrimonio alcune erbe a cui sono legati. Naturalmente se con le erbe vorrete creare una tisana da poter poi bere, è necessario scegliere erbe adatte allo scopo, che siano quindi commestibili. Se invece volete utilizzare poi le erbe per creare un incenso, sarà necessario scegliere quelle adatte alla fumigazione. Se non avete conoscenze sulle erbe recatevi in una erboristeria per avere un aiuto nella scelta.

Durante il rito, ognuno avrà il proprio contenitore con le proprie erbe scelte. Uno davanti all'altro gli sposi verseranno le proprie erbe all'interno di un contenitore più ampio. Quello che ne risulterà sarà la miscela della nuova famiglia, che verrà conservata e consumata dagli sposi o come tisana, o come incenso.

Oltre a consultare un'erboristeria, per scegliere le erbe in base al loro significato simbolico, ognuna ha infatti un significato che puoi facilmente scoprire online.

IL RITO DELL'ALBERO DELLE FATE

<u>ELEMENTO</u>: Questo rito è vicino all'elemento aria.

<u>STORIA</u>: in Irlanda molti alberi sono considerati sacri, anche chiamati alberi delle fate. Questa tradizione ha le sue radici nella cultura celtica, per la quale alcuni alberi più di altri, soprattutto quelli che crescevano al limitare tra la terra e l'acqua, avevano un'importanza speciale, in quanto alberi di soglia tra il nostro mondo e il sidhe, l'Altromondo celtico dove dimorano gli dèi, gli antenati e il piccolo popolo.

Un tempo si credeva che appendere un piccolo nastrino ai rami bassi di un albero sacro, chiedendo una guarigione o esprimendo un desiderio, portasse la richiesta nell'Altromondo e venisse realizzata. Ancora oggi in Irlanda si possono trovare vari alberi agghindati con tanti nastrini.

<u>COME SI SVOLGE</u>: Il rito in sé è molto semplice, ma da la possibilità di coinvolgere gli ospiti. Può essere effettuato come vero e proprio rito di unione per gli sposi, oppure come rito in più, all'inizio o alla fine del matrimonio, per far esprimere un desiderio anche agli ospiti.

Si preparano prima tanti nastrini quante sono le persone che dovranno esprimere un desiderio e, se si desidera anche dei foglietti e delle penne o matite. Al momento designato gli sposi possono decidere o di appendere insieme solo il fiocchetto, oppure di scrivere prima un bigliettino, che possibilmente rimarrà attaccato per sempre all'albero, oppure che verrà bruciato, e poi appenderlo all'albero.

La variante con gli ospiti si svolge allo stesso modo, ma in questo caso i bigliettini saranno staccati dall'albero, a meno che il rito non si svolga in una zona privata con permesso di lasciarli attaccati. Se vengono staccati è bello che i foglietti, con i desideri degli ospiti, non vengano mai letti, ma bruciati, magari tutti insieme la sera, oppure sotterrati. In questo caso mi raccomando di utilizzare carta piantabile.

IL RITO DELLA PREGHIERA DI PROTEZIONE

ELEMENTO: Questo rito è vicino all'elemento terra.

STORIA: Questo è un rito di tradizione inglese, ma in realtà getta le sue radici in un tempo molto più antico, celtico, ma probabilmente anche precedente. I druidi erano soliti tracciare dei cerchi intorno a se stessi come protezione in alcuni momenti sacri. Generalmente il cerchio veniva tracciato con un ramo di un certo albero per il suo significato e veniva intanto intonato un canto, detto Caim, una preghiera di protezione.

COME SI SVOLGE: Il rito si svolge con tutti gli ospiti disposti in cerchio intorno agli sposi. Il celebrante, oppure una persona cara agli sposi, prenderà un ramo scelto e lo trascinerà camminando in cerchio intorno agli ospiti. Se si desidera tutti possono ripetere insieme una frase oppure cantare una breve canzone, oppure si può fare stando tutti ad occhi chiusi al suono dell'arpa.

Il cerchio, che simboleggia la comunità, crea una zona di protezione intorno alla coppia. Di solito quando utilizziamo questo rito lo uniamo o al rito dell'albero delle fate oppure all'handfasting.

IL RITO DELL'IDROMELE

ELEMENTO: Questo rito è vicino all'elemento acqua.

STORIA: L' idromele è la più antica bevanda alcolica che compare nella storia degli indoeuropei. È la bevanda degli dèi e dei momenti rituali. I druidi la consideravano sacra perché prodotta dalla fermentazione del miele, anch'esso sacro poiché prodotto dalle api. I celti, inoltre, avevano un'alta considerazione delle api perché queste si nutrivano del nettare di alcuni fiori, anch'essi di un'importanza speciale.

Questa bevanda veniva consumata in modo abbondante durante il mese successivo al matrimonio, poiché si pensava che donasse fertilità. Da questa pratica è nata l'usanza di definire il periodo successivo al matrimonio "Luna di miele", poiché il consumo era protratto per un mese, ovvero una lunazione.

COME SI SVOLGE: Gli sposi, uno davanti all'altro, riempiono il calice con l'idromele.

Lo sposo lo porge alla sposa, che beve, poi passa allo sposo che farà altrettanto. Il passaggio avviene tre volte e per tre volte si beve un sorso. Il numero tre è, infatti, il numero sacro della completezza.

Se non vi piace l'idromele, potreste utilizzare allo stesso scopo o del sidro di mele, oppure dell'acqua di fonte. Degli sposi una volta, non gradendo gli alcolici, hanno deciso di creare un'acqua alle erbe. Potreste quindi lasciare in infusione in acqua per una notte delle erbe a voi care ed utilizzare poi l'acqua filtrata al posto dell'idromele. Anche in questo caso per scegliere le erbe migliori puoi consultare un'erboristeria. Un'altra mia coppia ha usato il negroni per esempio.

In Irlanda, nel XV sec. diventa usanza brindare con una coppa a due manici tradizionale, chiamata Quaich.

La coppa nella cultura celtica è il simbolo della fertilità. Gli sposi bevono entrambi dell'idromele per festeggiare l'unione. Il Quaich viene tramandato di generazione in generazione, per portare fertilità, felicità e fortuna alla famiglia.

IL RITO DELL'HANDFASTING

<u>ELEMENTO</u>: Questo rito è l'unione di tutti gli elementi.

<u>STORIA</u>: L'handfasting, la cerimonia di legatura delle mani come unione della coppia, vede la sua origine in Irlanda e Scozia in tempi antichi. Gli Antichi celti consideravano il matrimonio un semplice contratto e non era probabilmente prevista una celebrazione religiosa. Dopo la conquista da parte dei romani, dei germani e poi dei cristiani, la cultura e le tradizioni celtiche sopravvissero cambiando forma e così fece anche il matrimonio. Con il cristianesimo divenne un affare religioso e fu così che nacque l'handfasting. Un connubio tra le antiche tradizioni e la religione cristiana. In Irlanda e in Scozia, l'handfasting era utilizzato come fidanzamento, soprattutto per le coppie più agiate. Per legge in realtà non era necessaria una vera e propria cerimonia, bastava che la coppia sostenesse di essere sposata, oppure avesse una relazione sessuale per essere considerati sposati. Con il tempo l'handfasting è diventato l'emblema del matrimonio celtico moderno.

<u>COME SI SVOLGE</u>: Il rito simboleggia l'unione delle anime degli sposi con la Terra nel giorno del proprio matrimonio. Durante il rito gli sposi si stringono le mani, che vengono legate con una corda, simbolo della loro unione eterna.

Se non vi piace l'idea della corda potete utilizzare dei nastri, anche di colori diversi.

IL RITO DEL SALTO DELLA SCOPA

ELEMENTO: Questo rito è vicino all'elemento terra.

STORIA: Questo rito è presente nella tradizione di molte culture e ancora oggi è praticato soprattutto nel mondo pagano. Nella tradizione celtica al posto di una scopa si salta un ramo di betulla, che per i celti si chiamava BETH ed era l'albero degli inizi. In altre culture invece la scopa rappresentava la protezione della casa poiché veniva utilizzata per spazzare a terra e mandare via il vecchio per dare spazio al nuovo.

COME SI SVOLGE: Il rito si svolge con gli sposi, che da un lato della scopa o del ramo, devono saltare dall'altra parte. In genere la coppia saltando si tiene per mano, rappresentando l'inizio di una vita insieme.

A volte questo rito è unito a quello della preghiera di protezione. Il cerchio della preghiera viene tracciato proprio con il ramo o la scopa che dopo verrà saltata.

CAPITOLO 9
I SIMBOLI

Il rito simbolico è un rito che utilizza i simboli per rappresentare l'amore, i sentimenti e le emozioni. Qualsiasi rito matrimoniale, se ci pensiamo, è simbolico. Le fedi, per esempio, sono un simbolo dell'eternità e come loro, all'interno di un matrimonio, che sia cattolico, civile o simbolico, ci sono moltissimi altri simboli. Alcuni sono conosciuti nella tradizione ed universalmente accettati, ma altri possono essere creati e diventare così un vostro simbolo.

Dipende da voi quali simboli usare durante la cerimonia. Potete decidere di unire simboli tradizionali con simboli che hanno un significato per voi e/o simboli che derivano da altre culture se per voi significano qualcosa di importante. Abbiate però l'accortezza di spiegare il significato di tutte quelle simbologie che, non essendo tradizione della cultura italiana, possono non essere conosciute dai vostri invitati.
Qualsiasi cosa può diventare un simbolo ed un simbolo può indicare qualsiasi sentimento, emozione o idea. Proprio per questo è assolutamente necessario spiegare agli invitati cosa intendete voi con quella simbologia.

Il dono che gli sposi si scambiano generalmente sono le fedi, ma non è detto che siano per forza un anello e se anche lo è, non è detto che sia necessariamente una fede italiana.
Esistono tantissimi tipi di fedi diverse, che hanno, come naturale, significati diversi. Le Fedi Sarde, ad esempio, hanno un bellissimo significato, ma come loro anche il Claddagh Ring Irlandese ha una storia da conoscere. Informatevi sul significato che il vostro dono ha ed incorporatelo nella cerimonia spiegandone la simbologia.

Il rito stesso, come abbiamo visto nelle pagine precedenti, è denso di significato, ma è necessario spiegarlo ai vostri invitati.

Fate sì che il vostro celebrante spieghi e renda partecipi coloro che vi amano.

I fiori possono essere pregni di significato, soprattutto se li avete scelti non per il loro colore o per la loro bellezza, ma per cosa rappresentano. Un bouquet composto da fiori scelti appositamente, diventa una storia raccontata senza parole.

Qualsiasi cosa può diventare un simbolo: la musica, le persone che vi accompagnano, le decorazioni, la data del vostro matrimonio. Siate fantasiosi e usate il cuore, ma non riempite la vostra cerimonia di soli simboli, magari sconosciuti o nuovi per gli invitati. Rischierete altrimenti che non ne capiscano l'importanza. Usate equilibrio e rendete partecipi i vostri invitati!

CAPITOLO 10
I MOMENTI DELLA CERIMONIA

Se avete scelto una cerimonia personalizzata, potete decidere voi come gestire i tempi.

Propongo qui un'idea di scaletta che puoi usare come punto di partenza nel caso tu scelga una cerimonia all'americana con tutti gli ospiti seduti a formare una navata (questa scaletta non funziona invece nel caso degli ospiti disposti a cerchio intorno agli sposi).

APERTURA
Gli ospiti si siedono e aspettano l'arrivo degli sposi. Potete far trovare sulla sedia di ogni invitato un libretto della cerimonia ed eventuali riso, grano e/o petali per la fine. Il libretto è formato dalla scaletta, dalla simbologia che utilizzerete, e da qualsiasi altra cosa possa essere loro utile: qualche frase significativa che direte, dei pezzi delle canzoni che verranno suonate...

CORTEO
In genere entrano in ordine:
- madre della sposa a braccetto con padre dello sposo,
- sposo a braccetto con la madre,
- testimoni,
- celebrante,
- eventuali paggetti e bambine con petali,
- sposa a braccetto del padre.

Abbi cura, se davanti a te entreranno bambine con i petali e paggetti, di aspettare un attimo per entrare, altrimenti in tutte le foto che avrai, i bambini copriranno il tuo vestito.

CERIMONIA
Una volta entrata la sposa, il celebrante inizia la cerimonia, con la lettura della scaletta che avrete creato insieme.

Si avrà una parte di introduzione, poi lo scambio delle promesse, dei voti, i riti simbolici che avrete scelto ed infine l'ultima parte sarà la proclamazione di marito e moglie e il bacio degli sposi.

La cerimonia può avere diverse forme, ma una scaletta base può essere questa:

- Introduzione del celebrante
- Discorso del celebrante, nel caso in cui sia vostro amico o parente e voglia dedicarvi qualche parola
- Discorso degli ospiti
- Introduzione alle promesse
- Promesse degli sposi
- Introduzione al rito di unione
- Rito di unione
- Introduzione allo scambio degli anelli
- Scambio degli anelli
- Finale

A questo punto potrà iniziare la festa!

39

QUALCHE ACCORGIMENTO

Ricordate agli ospiti di spegnere i propri telefoni o di togliere le suonerie. Sarebbe bello, inoltre, che non li utilizzassero per fare foto o video. Sicuramente avrete affidato questo compito ad un professionista, quindi fate presente agli ospiti che non serve che immortalino tutto e che, se lo desiderano, gli invierete le foto una volta ricevute dal fotografo.

È importante che gli ospiti si sentano parte della cerimonia e non spettatori annoiati. Se volete la vera riuscita e la vera condivisione dovete davvero cercare di rendere tutti partecipi il più possibile.

Il cellulare e il suo utilizzo durante i matrimoni è spesso un problema. Ho visto moltissime foto di matrimonio rovinate da parenti che, credendosi invisibili, si mettono tra il fotografo e gli sposi.

Se non avete piacere che gli ospiti vi immortalino o postino foto sui social network, ditelo subito e, ancora meglio, scrivetelo. Sul sito che preparerete per il matrimonio, sul foglietto della cerimonia, con un cartello carino all'entrata.

CAPITOLO 11
QUALCHE CONSIGLIO NELLA SCRITTURA

La cosa migliore è avere la cerimonia già scritta con molto anticipo. In questo modo potrete mandarla a tutti coloro che avranno una parte attiva del rito, perché sappiano esattamente cosa fare senza essere colti dall'ansia. Il meglio sarebbe due mesi di anticipo.

Siate gentili con le persone che hanno un ruolo attivo nella cerimonia, chiedete loro se vogliono partecipare attivamente con molto anticipo, fornite loro la copia della cerimonia con almeno due mesi di anticipo e rispondete a tutte le loro domande.

Il celebrante, se è un vostro amico o parente, dovrebbe leggere ad alta voce con la sua intonazione e cadenza, l'intera cerimonia. In questo modo potrete calcolare le tempistiche di durata e comunicarle a tutti i fornitori coinvolti.

Abbiate cura di scrivere le vostre promesse con un buon anticipo, in modo da poterle riguardare con calma e leggerle ad alta voce qualche volta prima della cerimonia.

La durata della cerimonia non dovrebbe superare i 45/50 minuti, ma non dovrebbe neanche essere inferiore a 20 minuti. Cerimonie da 1 ora sono da evitare, a meno di decidere per un matrimonio spirituale che comprende molta ritualità.

Se avete deciso di non prevedere sedute per gli ospiti durante la cerimonia, ad esempio facendo stare tutti a semicerchio intorno a voi, è meglio che la cerimonia non duri più di 40 minuti in ogni caso.

Fare un sopralluogo sul luogo della cerimonia è sempre auspicabile. Fate anche una prova volume. Sentiranno tutti da tutte le distanze? Oppure sarà meglio avere un microfono? Se vi trovate vicino ad un corso d'acqua sarà sicuramente necessario anche con pochi ospiti.

Non tutti vogliono avere un ruolo attivo nella cerimonia. Non prendere alla sprovvista i tuoi ospiti e avvertili prima se dovranno parlare o fare altro. Se qualcuno non vorrà farlo, non forzarlo.

Considerate bene il luogo dove avete scelto di fare la cerimonia e controllate le regole del posto. In alcuni luoghi non si possono accendere fuochi, alcune location non vogliono che si lancino riso o fiori per terra...

Le candele sono bellissime e rendono l'atmosfera meravigliosa e sognante, però fate attenzione. Se le disponete lungo la navata formata dalle sedie inseritele dentro dei contenitori di vetro, in modo che nessun vestito prenda fuoco. Non utilizzate mai le candele di cera d'api, bruciano ad una temperatura molto più alta rispetto alle candele di cera di soia. In caso di caduta della cera questa brucerà causando brutte scottature.

Se avete optato per una cerimonia serale, con candele ad illuminare, fornite illuminazione supplementare al celebrante, leggere a lume di candela è complicato e potrebbe farlo impappinare.

Ricordatevi di spegnere tutte le candele alla fine della cerimonia.

CAPITOLO 12
LA MUSICA

La musica è una parte fondamentale della celebrazione. Potete scegliere tra musica dal vivo, oppure musica in filodiffusione. In ogni caso la musica dovrà avere un livello adatto a consentire di sentire e comprendere ciò che dice il celebrante.

I momenti adatti alla musica sono:

- **Entrata degli ospiti**: musica, se volete anche cantata
- **Entrata dello sposo**: musica, se volete anche cantata
- **Entrata della sposa**: musica, se volete anche cantata
- **Introduzione del celebrante**: musica di sottofondo
- **Discorso del celebrante**: musica di sottofondo
- **Discorsi degli ospiti**: musica di sottofondo
- **Introduzione del celebrante alle promesse**: musica di sottofondo
- **Promesse degli sposi**: musica di sottofondo
- **Introduzione del celebrante allo scambio degli anelli**: musica di sottofondo
- **Scambio degli anelli**: musica, se volete anche cantata
- **Introduzione del celebrante al rito di unione**: musica di sottofondo
- **Rito di unione**: musica, se volete anche cantata
- **Finale**: musica, se volete anche cantata

CAPITOLO 13
COMUNICARE LA CERIMONIA
AI FORNITORI

È importante che i fornitori che realizzeranno la vostra celebrazione siano al corrente di due cose principali: la scaletta della cerimonia e gli orari da rispettare.

Quando avrete la scaletta completamente redatta della vostra cerimonia, con a fianco di ogni momento la musica scelta, dovrete inviare questo file a tutti i fornitori coinvolti: location, fiorista, fotografo, musicisti, eventuali altri fornitori.

È importante che i musicisti arrivino prima per fare un check audio e dei volumi.

Il fotografo deve avere la scaletta della cerimonia soprattutto perché sia al corrente dei vari momenti, non essendo il vostro un matrimonio classico.

CAPITOLO 14
LE PROMESSE

Le promesse sono quel momento della cerimonia dove gli sposi si dicono qualcosa l'un l'altro. Le chiamo con il termine "promesse" solo per comodità, ma non è detto che dobbiate promettervi qualcosa. C'è chi lo fa, è vero, ma sta a voi decidere come aprire il vostro cuore all'altro. Ho visto coppie che, giunto il momento, hanno semplicemente preso la chitarra e suonato una canzone composta da loro. Un ragazzo aveva scritto una poesia, era tutta in rima, aveva la giusta unione di simpatia e dolcezza, è stata la promessa più carina dei tanti matrimoni che ho organizzato.

A volte è capitato che gli sposi si siano letti a vicenda quello che avevano scritto, altre volte l'hanno letto silenziosamente, perché era qualcosa di troppo privato per farlo ad alta voce.

Quindi, se volete scrivere qualcosa alla vostra metà iniziate a farlo con largo anticipo, di solito non è qualcosa che si scrive in un'ora.

Capita anche che, nelle promesse oppure durante la cerimonia in generale, gli sposi decidano di leggere delle benedizioni o delle promesse che sono loro piaciute. Soprattutto nei matrimoni spirituali è una cosa comune.

Ora, quindi, mi piacerebbe lasciarti un po' di benedizioni, sono tutte celtiche perché io seguo questa via, ma magari possono esserti di aiuto come spunto se vuoi creare qualcosa di simile.

Tu sei sangue del mio sangue e ossa delle mie ossa.
Ti dono il mio corpo, affinché noi Due possiamo diventare Uno.
Ti dono il mio Spirito, finché la nostra vita non sarà compiuta.

Non puoi possedermi perché appartengo a me stessa
ma se lo desideriamo entrambi, io ti dono ciò che è mio da donare.
Non puoi comandarmi, perché sono una persona libera
ma ti servirò nei modi che richiedi
e il favo avrà un sapore più dolce se verrà dalla mia mano.

Ti prometto il mio amore e tutto ciò che possiedo.
Ti prometto il primo morso della mia carne e il primo sorso dalla mia tazza.
Prometto che il tuo sarà sempre il nome che griderò ad alta voce nel cuore della notte.
Prometto di onorarti sopra tutti gli altri.
Il nostro amore non ha fine e rimarremo per sempre uguali nel nostro matrimonio.
Questo è il mio voto di matrimonio per te.

Là loro stanno, mano nella mano, e si scambiano le fedi nuziali.
Oggi è il giorno di tutti i loro sogni e progetti.
E tutti i loro cari sono qui per dire,
Che il cielo benedica questa coppia che si sposa oggi.

Possano trovare la pace della mente per tutti coloro che sono gentili,
Possano i tempi difficili che ci attendono diventare trionfi nel tempo,
Possano i loro figli essere felici ogni giorno.
Il cielo benedica questa famiglia che è nata oggi.

Mentre vanno, possano loro conoscere ogni amore che è stato mostrato,
E man mano che la vita si accorcia, i loro sentimenti possano crescere.
Ovunque vadano, ovunque siano,
Il cielo benedica questa coppia che si sposa oggi.

Ti prometto il primo taglio della mia carne, il primo sorso del mio vino, da questo giorno sarà solo tuo il nome che griderò nella notte
e tuoi gli occhi nei quali sorriderò al mattino
Sarò uno scudo per te come lo sei tu per me,
non si pronuncerà su di noi una sola parola dolorosa,

poiché il nostro matrimonio è sacro tra di noi e nessun estraneo ascolterà il mio rancore.
Al di sopra e al di là di questo, ti amerò e ti onorerò in questa vita e nella successiva.

Oh, il mio amore è come una rosa rossa
appena spuntata a giugno:
Oh, il mio amore è come la melodia,
suonata dolcemente in sintonia.

Per quanto bella sei, mia bella ragazza,
così profondamente innamorato sono io;
E ti amerò ancora, mia cara,
finché tutti i mari non si seccheranno.

Finché tutti i mari non si seccheranno, mia cara,
e le rocce si scioglieranno con il sole;
E ti amerò ancora mia cara,
mentre la sabbia della vita scorrerà.

E addio, mio unico amore!
E addio per un po'!
E io verrò di nuovo, amore mio,
anche se saranno diecimila miglia.

Robert Burns

Benedetta sia questa unione con i doni dell'Est:
comunicazione del cuore, della mente e del corpo.
Nuovi inizi con il sorgere di ogni sole.
La conoscenza della crescita si trova nella condivisione dei
silenzi.

Benedetta sia questa unione con i doni del Sud:
calore del focolare e della casa
il calore della passione del cuore.
La luce creata da entrambi per illuminare i tempi più bui.

Benedetta sia questa unione con i doni dell'Ovest:
la dedizione profonda del lago, la rapida eccitazione del fiume
la rinfrescante purificazione della pioggia
la passione totalizzante del mare.

Benedetta sia questa unione con i doni del Nord:
fondamenta solide su cui costruire
fertilità dei campi per arricchire la tua vita
una casa stabile in cui puoi sempre tornare.

Possa il cielo venire con te e benedirti,
Possa tu vedere i figli dei tuoi figli,
Possa tu essere povero di sfortuna e ricco di benedizioni,

Possa tu non conoscere nient'altro che la felicità da questo giorno in poi.

Possa la gioia e la pace circondarvi entrambi,
La contentezza chiudere la tua porta,
E la felicità sia con te ora e il cielo ti benedica sempre.
Possa tu vivere la tua vita con fiducia e nutrire l'affetto per tutta la vita,
Possano i tuoi sogni di una vita diventare realtà per te, muoviti in quella direzione.

Possa la strada salire per incontrarti,
Che tu abbia sempre il vento in poppa,
Possa il sole splendere caldo sul tuo viso,
Le piogge cadere morbide sui tuoi campi.

Possa la luce dell'amicizia guidare insieme i vostri sentieri,
Possano le risate dei bambini abbellire i corridoi della vostra casa.
Possa la gioia di vivere per l'altro far scaturire un sorriso dalle tue labbra, uno scintillio dai tuoi occhi.

E quando l'eternità chiamerà,
alla fine di una vita piena d'amore,
Che la buona Terra ti abbracci
con le braccia che ti hanno nutrito
per tutta la durata dei tuoi giorni pieni di gioia.

Possa la Terra trattenervi entrambi
nel palmo delle sue mani.
E, oggi, possa lo Spirito d'Amore
trovare dimora nei vostri cuori.

Non puoi possedermi perché io appartengo a me stessa.
Ma se lo desideriamo entrambi, io ti dono ciò che è mio da donare.
Non puoi comandarmi, perché sono una persona libera.
Ma ti servirò nei modi che richiedi,
e il favo avrà un sapore più dolce se verrà dalla mia mano.
Ti prometto che tuo sarà il nome che griderò ad alta voce nella notte, e gli occhi in cui sorriderò al mattino.

Ti prometto il primo morso della mia carne e il primo sorso dalla mia tazza.
Ti prometto che la mia vita e la mia morte, saranno ciascuna ugualmente affidate alle tue cure.
Sarò uno scudo per la tua schiena e tu per la mia.
Non ti calunnierò, né tu lo farai a me.
Ti onorerò sopra tutti gli altri, e quando litigheremo lo faremo in privato
perché gli estranei non possano conoscere le nostre lamentele.
Questo è il mio voto di matrimonio per te
Questo è il matrimonio dei pari.

Morgan Llywelyn

Ora siete legati l'una all'altro
con un nodo non facile da rompere.
Prendetevi il tempo per legarvi
prima che vengano detti i voti finali,
per imparare quello che dovete sapere,
crescere in saggezza e amore.
Che il vostro matrimonio sia forte
Che il vostro amore duri
In questa vita e oltre.

Sei la stella di ogni notte,
Sei la luce di ogni mattina,
Sei la storia di ogni ospite,
Sei la connessione con ogni terra.

Nessun male ti accadrà, né sulla collina né sulla riva,
In campo o in valle, in montagna o in pianura.
Né sopra, né sotto, né in mare,
Né sulla riva, né nei cieli sopra,
Né nelle profondità.

Sei il nocciolo del mio cuore,
Sei il volto del mio sole,
Sei l'arpa della mia musica,
Sei la corona della mia compagnia.

ESEMPI DI CERIMONIE SIMBOLICHE

CERIMONIA NUMERO 1

TIPOLOGIA: Laica
RITI CONTENUTI: Nessuno in particolare
SIMBOLISMO CONTENUTO: storia della coppia

Entrata ospiti
Entrata mamma della sposa e papà dello sposo
Entrata testimoni dello sposo
Entrata sposo
Entrata paggetti
Entrata damigelle
Entrata sposa

CELEBRANTE: INTRODUZIONE

Benvenuti a tutti,
a nome di Anna e Luca, vorrei ringraziarvi per essere qui oggi.
Siete stati invitati in questo bellissimo posto, per condividere con loro questo importante momento del loro amore.

Ogni volta che assistiamo a un matrimonio, ci viene data l'opportunità di riflettere sulle nostre relazioni.
Potremmo guardare la coppia prima di noi ed essere tentati di confrontare il loro amore con il nostro.
La verità è che ogni relazione è unica, solo una cosa vale per tutti: perché esista l'amore tra due persone, ognuna deve abbassare le proprie difese e dare il proprio amore all'altro, e l'altro deve essere aperto a ricevere l'amore a sua volta.
Questo significa non dover fingere e scegliere ogni giorno di dedicarci all'altro con amore e cura. Sapere che nei momenti felici come in quelli di difficoltà l'altra persona sarà al nostro fianco, non avendo paura di sentirci giudicati o rifiutati.

PARLA IL CELEBRANTE

Qui si possono inserire diverse cose legate alla coppia. Questa parte è personale. Se la coppia lo desidera, il celebrante racconta dei simboli che sono stati inseriti nel matrimonio e che hanno un significato importante, oppure di qualche aneddoto, di un avvenimento importante.
Si possono ricordare le persone che non ci sono più.
Si può parlare dei viaggi, dei momenti condivisi.

DISCORSO DEL CELEBRANTE

Se il celebrante è un amico o un parente, in questo momento può fare un discorso.

DISCORSO DEGLI OSPITI

Se è gradito dagli sposi, gli ospiti possono avere questo spazio dedicato a loro, dove possono alzarsi, recarsi dal celebrante e leggere agli sposi i propri pensieri.

PARLA IL CELEBRANTE: il matrimonio come simbolo

Oggi vorrei ricordare che il matrimonio è un simbolo, importante, sentito e significativo ma comunque un simbolo. Questa cerimonia non è magica, non creerà una nuova relazione tra di voi, non vi renderà immuni alle difficoltà della vita, ma farà diventare più forti tutti gli impegni che vi siete fatti l'un l'altra, sia grandi che piccoli, nei giorni che sono trascorsi dal vostro primo incontro.

Ciò che stiamo celebrando oggi non è l'inizio di una vita insieme, quella l'avete iniziata tempo fa, ma un simbolo delle promesse che continuerete a farvi l'un l'altro durante tutta la vostra vita.

PARLA IL CELEBRANTE: Introduzione alle promesse

Guardatevi l'un l'altro e ricordate questo momento nel tempo.

Prima di oggi siete stati molte cose: amici, fidanzati, complici, compagni, ma ora dovrete dire delle parole che vi porteranno oltre una soglia. Dopo questi voti, direte al mondo "questo è mio marito" "questa è mia moglie".
Niente è più facile che stare qui oggi e dire queste parole e niente è più difficile che viverle giorno per giorno.
L'amore non rimane uguale nel tempo, non puoi amare una persona per sempre allo stesso modo.

Eppure, questo è ciò che molti si aspettano.
Dimentichiamo che la vita è un flusso, un cerchio e che nulla è mai uguale al giorno precedente.
L'unica cosa che possiamo fare è accettare il cambiamento e la crescita. Quindi ciò che promettete oggi dovrà essere rinnovato domani e tutti i domani futuri.

Per questo ora Luca ti chiedo:
"Prometti di fare davvero del tuo meglio, ogni giorno, per creare un matrimonio ed una vita felici e pieni d'amore?"

Anna:
"Prometti di fare davvero del tuo meglio, ogni giorno, per creare un matrimonio ed una vita felici e pieni d'amore?"

Ora potete dichiarare le vostre promesse l'uno per l'altra.

GLI SPOSI LEGGONO QUELLO CHE HANNO SCRITTO PER L'ALTRO

RITO DI UNIONE

In questo momento il celebrante e gli sposi danno luogo al rito di unione che si è scelto

PARLA IL CELEBRANTE

Per favore prendetevi le mani. E tutti voi che vi amate, per favore prendetevi anche voi le mani.
Tenersi per mano è un potente simbolo del legame che c'è tra le persone. Guardate le mani dell'altro perché sono il dono che vi fate l'un l'altra.
Queste saranno le mani che vi sorreggeranno in ogni momento della vita.

PARLA IL CELEBRANTE: scambio dei doni

Luca, come simbolo delle promesse che hai fatto ad Anna puoi donarle il tuo anello.

Anna, come simbolo delle promesse che hai fatto a Luca puoi donargli il tuo anello.

GLI SPOSI SI SCAMBIANO IL LORO DONO

PARLA IL CELEBRANTE: Finale

Oggi vi siete scambiati delle promesse davanti alla vostra famiglia e ai vostri amici, ma ve le scambierete di nuovo nei giorni e negli anni a venire condividendo gli alti e i bassi della vita. La mia speranza per voi è che rimaniate fianco a fianco godendovi ogni giorno di ciò che verrà e che i vostri giorni siano pieni di risate, immaginazione, fiducia, amicizia e amore. È quindi un onore per me dichiararvi marito e moglie.
Potete baciarvi.

CERIMONIA NUMERO 2

TIPOLOGIA: Spirituale
RITI CONTENUTI: Nessuno in particolare
SIMBOLISMO CONTENUTO: alberi

Entrata ospiti
Entrata mamma della sposa e papà dello sposo
Entrata testimoni dello sposo
Entrata sposo
Entrata paggetti
Entrata damigelle
Entrata sposa

CELEBRANTE: INTRODUZIONE

Benvenuti a tutti,
a nome di Anna e Luca, vorrei ringraziarvi per essere qui oggi.
Siete stati invitati in questo bellissimo bosco, per condividere con
loro questo importante momento del loro amore e della loro vita.

Ci troviamo in un magnifico luogo e la scelta non è casuale: Anna
e Luca hanno deciso di celebrare il loro amore immersi nella
natura perché il loro rapporto con essa è profondo e vogliono
che faccia parte anche della loro unione.
Hanno scelto questo bosco e questo albero in particolare perché
è stato uno dei primi luoghi in cui Luca ha portato Anna dopo il
loro incontro. È stato sotto questo frassino che per la prima volta
si sono abbracciati stretti ed è qui che Anna ha detto a Luca che
stavano per diventare genitori della bellissima Elena.

Chiedo quindi a tutti voi di aprire i vostri cuori e, prima di iniziare
la cerimonia, di ammirare per un attimo la bellezza di questo
posto: il frusciare dei rami e i rumori che ci circondano.

Nella cerimonia di oggi ci saranno diversi simboli perché un
matrimonio non è tanto la firma su un foglio quanto la volontà
di due persone di unirsi davanti a coloro che amano e decidere
che da quel giorno in avanti la loro vita sarà legata strettamente.
Due famiglie si uniscono per formarne una nuova e Anna e Luca
hanno scelto tre simboli importanti per oggi.
Il primo simbolo è il frassino sotto il quale ci troviamo. Questo
è un albero importante nella nostra storia. Per le popolazioni che

vivevano qui prima di noi il frassino era una Lei. Un albero femminile, che rappresenta la forza, la tenacia, l'azione e il coraggio. Questa è Anna, che con forza ha combattuto per la sua famiglia.

Accanto a lei, accanto al frassino, c'è un nocciolo. Un albero importante, che rappresenta la conoscenza e la saggezza ma che produce anche uno dei frutti più amati e che un tempo erano simbolo di vita: la nocciola. Il nocciolo è un albero maschile ed è lui a rappresentare Luca.

Per finire, il cerchio che formiamo attorno agli sposi è un altro simbolo antichissimo. Ancora oggi l'infinito è un cerchio, simboleggia l'armonia, la mancanza di opposizioni, la ciclicità della vita, la protezione e l'inclusione. Mettere gli sposi all'interno di questo nostro cerchio serve a far si che si sentano al sicuro, ora e nella vita, sostenuti dal fatto che tutti noi, che li amiamo, ci saremo sempre.

Quella tra Anna e Luca è una grande storia di amore e di passione. Fatta di tanti momenti: di ritrovi ed abbandoni, gioia e tristezza, ma fatta soprattutto da un destino invincibile che era già scritto per questi due cuori.
Possano tutti i simboli di questa cerimonia essere la base per il loro amore futuro.

PARLA IL CELEBRANTE

Qui, se il celebrante è un amico o parente della coppia e lo desidera, può fare un proprio discorso, spiegare perché è stato scelto proprio lui per celebrare e dare la propria benedizione alla coppia.

DISCORSO DEGLI OSPITI

Se è gradito dagli sposi, gli ospiti possono avere questo spazio dedicato a loro, dove possono alzarsi, recarsi dal celebrante e leggere agli sposi i propri pensieri.

PARLA IL CELEBRANTE: Introduzione alle promesse

Oggi Anna e Luca si scambieranno delle promesse che vengono dal cuore e per farlo utilizzeranno i simboli di cui abbiamo parlato.

Prima di leggersi l'un l'altro le proprie promesse però, Anna e Luca hanno deciso di dare a tutti voi un simbolo della loro unione.
In questo cerchio Anna farà passare delle foglie di frassino e Luca delle foglie di nocciolo che verranno date ad ognuno di voi. Fatele combaciare e tenetele strette al cuore perché l'unione di queste due vite sia simboleggiata dall'unione di questi due alberi che tanto li rappresentano.

Ora che tutti hanno le foglie sul cuore, Anna e Luca guardatevi l'un l'altro e ricordate questo momento nel tempo.

È il tempo delle vostre promesse. Ricordate che ciò che promettete oggi dovrà essere rinnovato domani e tutti i domani futuri.

GLI SPOSI LEGGONO QUELLO CHE HANNO SCRITTO PER L'ALTRO

IL CELEBRANTE CHIEDE

Per questo ora vi chiedo:
"Promettete di essere sempre onesti l'uno con l'altra, di amarvi come due bambini si amano, con la stessa spensieratezza e con lo stesso cuore puro?

Promettete di esserci sempre per l'altro e di condividere tutto ciò che la vita vi donerà?"

Gli sposi:
"Lo promettiamo"

RITO DI UNIONE

In questo momento il celebrante e gli sposi danno luogo al rito di unione che si è scelto.

PARLA IL CELEBRANTE

Come abbiamo detto il cerchio nel quale ci troviamo rappresenta la ciclicità della vita. Non ha un inizio e non ha una fine.
Anche l'anello che ci si scambia al matrimonio ha questo significato. Il vero anello però siamo noi, che in questa giornata siamo qui, a cerchio intorno a queste due anime per sostenerle e proteggerle.
A testimone di questa unione dell'amore che oggi sperimentiamo, Anna e Luca si scambieranno gli anelli.

CELEBRANTE: scambio dei doni

Gli sposi donandosi gli anelli pronunceranno una parola che per loro è importante.

GLI SPOSI SI SCAMBIANO IL LORO DONO E DICONO UNA PAROLA

Luca: "abbondanza"
Anna: "creatività"

Questo è ciò che si donano l'un l'altra queste due anime e noi ne siamo testimoni.
Da ora voi siete uniti, potete baciarvi.

PARLA IL CELEBRANTE: Finale

La cerimonia è finita e Anna e Luca ora sono una famiglia.
Per benedire questa loro unione invito tutti al mio tre a gridare al cielo una parola di augurio e poi di brindare.

1,2,3... Tutti gridano la loro parola.

.

CERIMONIA NUMERO 3

TIPOLOGIA: Spirituale
RITI CONTENUTI: Lancio foglie finale
SIMBOLISMO CONTENUTO: Alberi e ringraziamento alla Terra

Entrata ospiti e sposo insieme
Entrata damigelle
Entrata sposa

CELEBRANTE: INTRODUZIONE

Benvenuti a tutti,
a nome di Anna e Luca, vorrei ringraziarvi per essere qui oggi.
Siete stati invitati in questo bellissimo posto, per condividere con loro questo importante momento del loro amore.
Ma prima di iniziare:

Ringrazio le montagne che ci ospitano in questo giorno speciale,
le loro radici sono le nostre,
le loro vette il nostro orizzonte.
Ringrazio la valle in cui ci troviamo,
i suoi fiori sono il nostro sorriso e il cibo delle nostre api.
Ringrazio il ruscello che scorre veloce,
è grazie a lui se viviamo.
Ringrazio gli animali che qui dimorano,
perché sono nostri compagni in questa vita.

Chiedo alla montagna che ci doni la stabilità materiale,
il benessere e la bellezza di una casa a cui tornare.
Chiedo alla Valle che ci doni abbondanza, erbe da raccogliere e un buon raccolto per l'inverno.
Chiedo al fiume che ci doni emozioni pure, amore incondizionato e che lasci fluire con lui anche le nostre paure.
Infine, chiedo agli animali che siano compagni anche in questa giornata e che ci siano testimoni.

In questo spazio sacro oggi celebriamo la vita.

PARLA IL CELEBRANTE

Qui si possono inserire diverse cose legate alla coppia. Questa parte è personale.

Se la coppia lo desidera, il celebrante racconta dei simboli che sono stati inseriti nel matrimonio e che hanno un significato importante, ma soprattutto del perché si è scelto quel determinato posto per il matrimonio.

PARLA IL CELEBRANTE: il matrimonio come simbolo

Il matrimonio è l'unione da due persone che perseguono un obiettivo comune, ricercano la felicità e gli obiettivi della propria vita, ma nel farlo non si annullano a vicenda.
Un amore sano ricerca il bene dell'altro sapendo di dover lavorare prima di tutto su se stesso.

È per questo motivo che oggi chiameremo questo matrimonio il MATRIMONIO DEI PARI

GLI SPOSI LEGGONO

Non puoi possedermi perché io appartengo a me stessa/o.
Ma se lo desideriamo entrambi,
io ti dono ciò che è mio da donare.
Non puoi comandarmi, perché sono una persona libera.
Ma ti servirò nei modi che richiedi,
e il favo avrà un sapore più dolce se verrà dalla mia mano.
Ti prometto che tuo sarà il nome che griderò ad alta voce nella notte, e gli occhi in cui sorriderò al mattino.
Ti prometto il primo morso della mia carne
e il primo sorso dalla mia tazza.
Ti prometto che la mia vita e la mia morte,
saranno ciascuna ugualmente affidate alle tue cure.
Sarò uno scudo per la tua schiena e tu per la mia.
Non ti calunnierò, né tu lo farai a me.
Ti onorerò sopra tutti gli altri,
e quando litigheremo lo faremo in privato
perché gli estranei non possano conoscere le nostre lamentele.
Questo è il mio voto di matrimonio per te
Questo è il matrimonio dei pari.

PARLA IL CELEBRANTE: Introduzione alle promesse

Ora Anna e Luca si leggeranno a vicenda ciò che hanno scritto per l'altro. Apriamo il nostro cuore alle loro parole.

Anna e Luca, guardatevi l'un l'altro e ricordate questo momento nel tempo.

GLI SPOSI LEGGONO QUELLO CHE HANNO SCRITTO PER L'ALTRO

RITO DI UNIONE

In questo momento il celebrante e gli sposi danno luogo al rito di unione che si è scelto.

PARLA IL CELEBRANTE

Per favore prendetevi le mani.
E tutti voi che vi amate, per favore prendetevi anche voi le mani. Tenersi per mano è un potente simbolo del legame che c'è tra le persone. Guardate le mani dell'altro perché sono il dono che vi fate l'un l'altra. Queste saranno le mani che vi sorreggeranno in ogni momento della vita.

PARLA IL CELEBRANTE: scambio dei doni

Gli sposi donandosi gli anelli pronunceranno una parola che per loro è importante.

GLI SPOSI SI SCAMBIANO IL LORO DONO

Luca: "ricerca"
Anna: "impegno"

Questo è ciò che si donano l'un l'altra queste due anime e noi ne siamo testimoni.

Da ora voi siete uniti, potete baciarvi.

GLI SPOSI SI SCAMBIANO IL LORO DONO

PARLA IL CELEBRANTE: Finale

La cerimonia è finita e Anna e Luca ora sono una famiglia.
Per benedire questa loro unione invito tutti al mio tre a lanciare
sui nuovi sposi le foglie di betulla, come simbolo di nuovo inizio,
di fertilità creativa e di amore.

1,2,3… Tutti lanciano le foglie.

CERIMONIA NUMERO 4

TIPOLOGIA: Laica
RITI CONTENUTI: Rito della terra
SIMBOLISMO CONTENUTO:
Ricordo di coloro che non ci sono più

Entrata ospiti
Entrata mamma della sposa e papà dello sposo
Entrata testimoni dello sposo
Entrata sposo
Entrata paggetti
Entrata damigelle
Entrata sposa

CELEBRANTE: INTRODUZIONE

Benvenuti a tutti,
a nome di Anna e Luca, vorrei ringraziarvi per essere qui oggi.
Siete stati invitati in questo bellissimo posto, per condividere con
loro un importante momento del loro amore.

Anna e Luca hanno già sperimentato cosa signifchi l'amore con
le sue varie sfaccettature perché sono legati l'una all'altro da
quando erano in piena adolescenza. Molti di voi sapranno che si
sono fidanzati all'età di quindici anni e da quel giorno hanno
vissuto insieme ogni avventura fino alla vita adulta.
Un percorso così ampio ha permesso loro di esplorare a fondo le
sfumature del proprio compagno e portarli fino alla decisione di
sposarsi.

Noi li vediamo qui oggi, con il loro bagaglio di esperienze e di
emozioni. Queste due splendide persone si sono modellate
vicendevolmente, sono cresciute come parti di due anime che si
sono stimolate con l'obiettivo di migliorarsi e di smussare i propri
angoli sporgenti. Vedervi qui, in questo momento solenne, ci
ricorda che tutto dipende da noi, dalla nostra determinazione a
superare gli ostacoli insieme e abbracciarci godendo di ogni
successo ottenuto dall'altro. Complimenti!

Quanto tempo è passato dal vostro primo incontro, quanti
ricordi, quante persone hanno attraversato il percorso che avete
costruito insieme. Alcune di queste persone a noi care oggi non
ci possono osservare come gli altri ospiti, eppure parte delle loro

esistenze e della loro materialità vivono ancora nel vostro corpo e nei vostri ricordi insieme. Fino a che esisteranno persone a ricordarle saranno ancora vive tra noi, ci hanno permesso di diventare ciò che siamo oggi, persone speciali capaci di innamorarsi ed amare rispettandosi.

Luca, so che in particolare questo riguarda te, una persona cara che oggi vogliamo ricordare è tua nonna. Prendiamoci qualche secondo per visualizzarla nella nostra mente e percepirla qui vicino a noi che abbraccia te e Anna dandovi la sua benedizione. Prendiamoci qualche istante per pensare ad un momento felice che abbiamo vissuto con i nostri cari (pausa di qualche secondo).

Con questa nostalgia sostenuta dal sorriso del momento piacevole vissuto possiamo ora, revitalizzati, proseguire questa magnifica celebrazione.

PARLA IL CELEBRANTE

Il compito che ricopro oggi è molto importante durante la celebrazione di un matrimonio.
L'ho capito subito, appena mi è stato proposto dagli sposi.
È un compito delicato e difficile perché inusuale, perché parlare della vita di altre due persone, sebbene molto vicine a me, non è una cosa banale.

Quando pensiamo ai grandi amori della letteratura, il primo aggettivo che ci viene proposto è perfetto.
Il concetto di perfezione, però, implica che non ci siano difficoltà e difetti in una persona, sappiamo che ognuno di noi ha lati difficili, ma mi piace pensare che anche con le vostre piccole imperfezioni, voi rispecchiate qualcosa di più bello e autentico della perfezione, voi siete già una famiglia. Una famiglia che avete costruito man mano, da ragazzini fino ad oggi e vi ringrazio per il regalo che ci fate oggi facendoci partecipare al vostro matrimonio. Grazie.

Adesso vorrei raccontarvi qualche aneddoto sulla relazione di Anna e Luca…

DISCORSO DEGLI OSPITI

Se è gradito dagli sposi, gli ospiti possono avere questo spazio dedicato a loro, dove possono alzarsi, recarsi dal celebrante e leggere agli sposi i propri pensieri.

PARLA IL CELEBRANTE: il matrimonio come simbolo

Il simbolo è una forma concreta e concisa per racchiudere in un gesto, un'immagine, una parola un significato ampio e profondo. L'aspetto più affascinante del simbolo è l'unione che crea quando un gruppo di persone gli rivolge la sua attenzione. Allo stesso tempo ognuno di noi assegna al simbolo una sua interpretazione personale. Oggi Anna e Luca ci manifestano concretamente ed emotivamente che cos'è per loro il simbolo del matrimonio. Hanno creato questa cerimonia per renderci partecipi del loro simbolo legato al matrimonio. Tutti concepiamo in noi il concetto di consolidamento dell'amore in una forma più sublime, un atto di fiducia e coraggio, ebbene oggi ampliamo questa nostra concezione del matrimonio attraverso i gesti e le parole di Anna e Luca.

Adesso, con le vostre promesse, vi dichiarerete cosa significa per voi unirvi in questo gesto rituale che segna il passaggio ad una più profonda fase della vostra vita insieme.

PARLA IL CELEBRANTE: Introduzione alle promesse

Osservatevi attentamente, con amore, tranquillità, questo ricordo rimanga indelebilmente impresso nella vostra memoria come uno tra i momenti più significativi della vostra vita insieme. Respirate e nutritevi di questi istanti lenti e gratificanti, siete solo Anna e Luca, il mondo fuori è escluso, la vostra famiglia e i vostri amici vi stanno proteggendo creando questo spazio di pace solo per voi.

Quando siete pronti guardatemi e cominciamo.
[Lasciare che gli sposi prendano il loro tempo e aspettare che guardino il celebrante].
Molto bene, i vostri sguardi sono colmi di emozioni, sento che mi trasmettono il permesso di proseguire.
"Anna, sei felice e decisa nel promettere il tuo amore verso Luca?"
[Attendere il sì di risposta della sposa]
"Luca, sei fermo e sereno nel promettere il tuo amore verso Anna?"
[Attendere risposta affermativa dello sposo]

Con il consenso degli sposi e questa emozione forte che ci unisce a loro, concentriamoci adesso per far sì che le vostre promesse abbiano eco in tutti noi e facciano sì che i presenti siano un aiuto concreto nel confermare e supportare ciò che rappresenta per voi il simbolo del matrimonio.

Ora potete dichiarare le vostre promesse l'uno per l'altra.

RITO DI UNIONE

[Terminate le promesse il celebrante e gli sposi danno luogo al rito di unione che si è scelto]

E' giunto il momento di celebrare un rito simbolico. Consacreremo il vostro amore, Anna e Luca, con l'elemento della terra.
La terra è carica di nutrienti e di forza per far crescere il cibo che ci alimenta e gli alberi che ci permettono di respirare. Quando il suolo è fertile i frutti crescono rigogliosi. Voi siete il suolo nel quale è seminato il vostro amore, siete ricchissimi di doni e meraviglie. Alcuni frutti sono già qui tra noi: i vostri corpi adulti

e sani e il vostro stupendo figlio. Chissà quali meraviglie avete ancora in serbo.

Il rito prevede il nutrimento di un albero, in questo caso un Sorbo Selvatico, Albero della Vita, albero di doni e speranze. Con due vasi di terra e acqua gli sposi ora nutriranno il Sorbo, segno del loro rispetto per la madre Terra. Le vostre forze confluiscono verso un progetto comune, il Sorbo vivrà e crescerà grazie a voi, così come il vostro amore, saprà restituirvi benessere e gioia.

PARLA IL CELEBRANTE

A consolidamento di quanto abbiamo appena fatto e detto, prendetevi le mani e guardatevi l'un l'altra.
Vi auguro di vedere queste mani trasformarsi insieme, sotto l'effetto degli anni che trascorrono e delle esperienze che le modellano. Le mani, come anche i vostri occhi, sono il primo canale dello scambio d'amore reciproco, ricordatevelo sempre quanto avrete bisogno di attingere a questa fonte inesauribile di energia e supporto.
Queste saranno le mani che vi sorreggeranno in ogni momento della vita.

PARLA IL CELEBRANTE: scambio dei doni

Luca, come simbolo delle promesse che hai fatto ad Anna puoi donarle il tuo anello.
Anna, come simbolo delle promesse che hai fatto a Luca puoi donargli il tuo anello.

GLI SPOSI SI SCAMBIANO IL LORO DONO

PARLA IL CELEBRANTE: Finale

Oggi siamo tutti testimoni delle vostre promesse, del vostro amore, di un evento fondamentale della vostra vita. Mi faccio portavoce di tutti i presenti nell'augurarvi una meravigliosa esistenza insieme fatta di risate, lacrime di gioia, avventure, obiettivi raggiunti e serenità. Che queste promesse si concretizzino in ogni giorno della vostra esistenza presente e futura. Prendetevi qualche secondo per apprezzare la magnificenza dei colori, la tranquillità dei suoni, i sapori e gli odori, le sensazioni attraverso le vostre mani e i vostri piedi mentre ho l'onore di dichiararvi marito e moglie!

Potete baciarvi.

CERIMONIA NUMERO 5

TIPOLOGIA: Spirituale
RITI CONTENUTI: Albero dele fate
SIMBOLISMO CONTENUTO: Val Camonica, luogo sacro

Entrata ospiti e sposo insieme
Entrata damigelle
Entrata sposa

CELEBRANTE: INTRODUZIONE

Benvenuti a tutti,
a nome di Anna e Luca, vorrei ringraziarvi per essere qui oggi a condividere questo importante momento del loro amore.

Avete oggi l'occasione di dedicare interamente il vostro affetto e la vostra energia a questa stupenda coppia. Se siete qui significa che per loro siete importanti e questo l'avete già dimostrato impiegando le vostre arti e il vostro ingegno per la preparazione di questo evento. Alcuni di voi, infatti, hanno creato le decorazioni, altri hanno cucito le tovaglie, alcuni si sono messi a disposizione per allestire i luoghi che vivremo oggi. Avete contribuito alla riuscita del matrimonio occupandovi: chi del cibo, chi della musica, insomma siete degli amici importanti oltre che ospiti della giornata e Anna e Luca vogliono farvi sapere che con questi gesti li avete colmati di gioia e gratitudine.

Avrete notato che siamo in un bosco, ai piedi della Concarena, a celebrare un rito. Negli stessi luoghi in cui hanno vissuto gli antichi Camuni, i nostri avi di origine preceltica. Ci stiamo integrando nel tessuto della loro storia, della nostra storia, con un rito che ci collega alla terra e ci riempie con l'esperienza millenaria di epoche passate. La Concarena, insieme a Pizzo Badile sono i monti sacri della Valle Camonica e sono considerati una soglia magica. Qui, durante gli equinozi il sole sorge spuntando da Pizzo Badile e si riposa al crepuscolo alle spalle della Concarena. Oggi stiamo rievocando le origini in un luogo sacro.

Anna e Luca sono una coppia unica e speciale. Ebbene, anche per loro vale una verità condivisa da tutte le coppie: perché esista l'amore tra due persone, ognuna deve abbassare le proprie difese

e dare il proprio amore all'altro, e l'altro deve essere aperto a ricevere l'amore a sua volta.
Questo significa non dover fingere e scegliere ogni giorno di dedicarci all'altro con amore e cura. Sapere che nei momenti felici come in quelli di difficoltà l'altra persona sarà al nostro fianco, non avendo paura di sentirci giudicati o rifiutati.

PARLA IL CELEBRANTE

Questa parte è personale. Se il celebrante vuole può dedicare due parole agli sposi.

PARLA IL CELEBRANTE: il matrimonio come simbolo

Oggi vorrei ricordare che il matrimonio è un simbolo, importante, sentito e significativo ma comunque un simbolo.
Questa cerimonia non è magica, non creerà una nuova relazione tra di voi, non vi renderà immuni alle difficoltà della vita, ma farà diventare più forti tutti gli impegni che vi siete fatti l'un l'altra, sia grandi che piccoli, nei giorni che sono trascorsi dal vostro primo incontro.

Vi ricordate il primo sguardo che vi siete scambiati? Eravate giovanissimi e da allora, crescendo insieme, avete condiviso ogni esperienza, vi siete rispettati nelle vostre peculiarità e differenze.
Luca è (descrizione sposo).
Anna è (descrizione sposa).
Avete sin da subito trovato ciò che vi accomunava: la montagna, il vostro territorio, immergervi nella Valle Camonica e la sua storia. L'amore per le camminate e i finesettimana passati all'aria aperta.
Risulta evidente, quindi, che ciò che stiamo celebrando oggi non è l'inizio di una vita insieme, quella l'avete iniziata tempo fa, ma un simbolo delle promesse che continuerete a farvi l'un l'altro durante tutta la vostra vita.

GLI SPOSI LEGGONO LA BENEDIZIONE

PARLA IL CELEBRANTE: Introduzione alle promesse

Anna e Luca, ciò che promettete oggi, davanti ai vostri ospiti dovrà essere rinnovato per tutti i domani futuri.

Con la sicurezza del tuo amore Luca, osserva negli occhi Anna e trasmettile le emozioni che stai provando. Anna e Luca, guardatevi l'un l'altro e ricordate questo momento nel tempo.

Anna, ora sei colma dell'amore di Luca, elabora quanto hai ricevuto e preparati a esprimere ciò che provi.
Osserva Luca, il tuo compagno, e donagli ciò che provi.

GLI SPOSI LEGGONO QUELLO CHE HANNO
SCRITTO PER L'ALTRO

RITO DI UNIONE

[Preparazione del rito del calore per le fedi. Si avvicina il bambino a mamma e papà portando le fedi. I tre uniscono le mani e il celebrante pone una mano al di sopra e una al di sotto del punto in cui si sono unite le mani a scaldare le fedi.]

PARLA IL CELEBRANTE

Questa famiglia sta infondendo il proprio calore alle fedi che Anna e Luca si scambieranno a simboleggiare le loro promesse. NOME BAMBINO, come quando sei nato, stai consolidando l'amore tra mamma e papà, tu sei parte di questa famiglia e con loro stai creando un sigillo di protezione. Guardate le mani della vostra famiglia. Queste saranno le mani che vi sorreggeranno in ogni momento della vita.

[Il celebrante a questo punto si rivolge al pubblico/ospiti]
E tutti voi che vi amate, per favore prendetevi anche voi le mani. Tenersi per mano è un potente simbolo del legame che c'è tra le

persone. Uniamoci tutti a protezione di questa famiglia con il nostro calore.

[Passato qualche secondo le fedi vengono appoggiate su un tavolino o sgabello vicino agli sposi.]

PARLA IL CELEBRANTE: scambio dei doni

Luca, come simbolo delle promesse che hai fatto ad Anna puoi donarle il tuo anello.

Anna, come simbolo delle promesse che hai fatto a Luca puoi donargli il tuo anello.

GLI SPOSI SI SCAMBIANO IL LORO DONO

PARLA IL CELEBRANTE: Finale

Oggi vi siete scambiati delle promesse davanti alla vostra famiglia e ai vostri amici, ma ve le scambierete di nuovo nei giorni e negli anni a venire condividendo gli alti e i bassi della vita.

ALBERO DELLE FATE

Per benedire questa unione invito tutti a compiere un rito antico. Oggi scriveremo su alcuni biglietti un desiderio o un augurio per loro. Concentratevi a fondo perché quando i biglietti verranno bruciati, gli atomi che li componevano si dirigeranno verso gli sposi carichi delle proprie energie bene auguranti per far sì che, realizzandosi, rendano felici e prosperi Anna e Luca.

CERIMONIA NUMERO 6

TIPOLOGIA: Laica
RITI CONTENUTI: Rito della sabbia
SIMBOLISMO CONTENUTO: Musica

Entrata ospiti e sposo insieme

CELEBRANTE: INTRODUZIONE

Benvenuti a tutti,
Benvenuto Luca.
Prima di far entrare Anna, vorrei parlarvi della canzone che sentirete tra pochissimo, la canzone che la porterà da noi "NOME CANZONE".
Oltre ad essere tra le prime canzoni che Luca ha dedicato ad Anna, ha un significato importante per loro come coppia.
Quando la ascoltano, sanno che parla di loro, di come si sono trasformati la vita a vicenda, delle loro emozioni.

La parte più importante di questa canzone spiega che anche quando emergono le difficoltà, risplendendo insieme, le supereranno e da quella nuova consapevolezza acquisita potranno costruire il proprio castello nel cielo e nella sabbia creando un mondo che sia solo loro.

Quindi, dopo avervela presentata, ecco la sposa.

ENTRA LA SPOSA

PARLA IL CELEBRANTE

A nome di Luca e Anna, vorrei ringraziarvi per essere qui oggi. Siete stati invitati in questo bellissimo posto, per condividere con loro questo importante momento del loro amore.

Ora, però, vorrei dare la parola alla mamma della sposa.

PARLA LA MAMMA DELLA SPOSA

PARLA IL CELEBRANTE

Ci troviamo in un magnifico luogo la cui scelta non è casuale: Anna e Luca hanno deciso di celebrare il loro amore immersi in questo luogo perché per loro ha un valore particolarmente importante.

NOME LUOGO assume diversi significati. Per Luca è il luogo dell'infanzia, delle prime esperienze ed emozioni. È qui che passava le sue estati con i nonni da piccolo, è qui che ha imparato a camminare, a nuotare, ad andare in bici. Ed è qui che ha portato Anna nel loro primo weekend insieme da soli. Capirete quindi che questo luogo è magico per loro e dopo oggi lo diventerà ancora di più.

Prima di iniziare con il rito, chiedo quindi a tutti voi di inspirare profondamente, aprire i vostri cuori e di ammirare per un attimo la bellezza di questo posto: lo scrosciare delle onde del mare e i suoni melodici che ci circondano.

Quando assistiamo ad un matrimonio, abbiamo l'opportunità di donare tutto il nostro amore ai nostri cari, con un'intensità e una dedizione certamente superiore rispetto a ciò che viviamo tutti i giorni.

Perché esista l'amore tra due persone, ognuna deve fidarsi dell'altro rendendosi vulnerabile e concedersi incondizionatamente. Parimenti, bisogna essere pronti a ricevere un flusso striparante di amore e gioia dall'altro e a gioirne pienamente.

Questo significa scegliere ogni giorno di dedicarci all'altro con amore e cura. Sapere che nei momenti felici come in quelli di difficoltà l'altra persona sarà al nostro fianco.

GLI SPOSI LEGGONO UN PEZZO DEL TESTO
DELLA LORO CANZONE PREFERITA

PARLA IL CELEBRANTE: Introduzione alle promesse

Oggi Anna e Luca si scambieranno delle promesse che vengono dal cuore. Le leggeranno, forse un po' emozionati, aprendo il proprio cuore come poche volte si fa nella vita. Apriamo il nostro cuore e la nostra mente alle loro parole.

Questo è il momento, guardatevi l'un l'altro negli occhi e ricordate questo istante nel tempo che verrà.

GLI SPOSI LEGGONO QUELLO CHE HANNO SCRITTO PER L'ALTRO

PARLA IL CELEBRANTE: introduzione alle promesse

Le promesse ci ricordano come tutti gli istanti vissuti, carichi di emozioni, compongano il flusso delle nostre esistenze e nel farlo creano la traiettoria di un futuro insieme. Ogni attimo che passa costruisce il tempo della nostra vita.

L'attimo che scorre non è perso, bensì riempie la nostra anima di ricordi ed esperienze, come la sabbia scorrendo nella clessidra non è persa ma crea un deposito sempre più alto e strutturato.

Gli sposi oggi hanno scelto di unirsi attraverso il rito della sabbia, due clessidre, due esistenze che scorrono insieme. A volte, la sabbia scorrerà rapidamente e con entusiasmo, altre volte tutto apparirà lento consentendovi di apprezzare a fondo l'esperienza che starete vivendo. Per concretizzare questa immagine metaforica oggi Anna e Luca prenderanno due bottiglie piene di sabbia raccolta nei loro luoghi dell'anima, le loro vite individuali, e le uniranno in un destino comune.

Le sabbie si mischieranno preservando le proprie individualità e in contemporanea andando a creare qualcosa di nuovo e omogeneo, una sostanza che senza la loro unione non sarebbe mai esistita in questa forma e con queste caratteristiche straordinarie.

RITO DI UNIONE

PARLA IL CELEBRANTE: Unione

Ecco ora che BAMBINA CON ANELLI ci porterà le fedi, simbolo di questa unione.

CELEBRANTE: Luca vuoi tu prendere Anna come tua sposa?
SPOSO: Sì.
CELEBRANTE: Puoi donarle il tuo anello.

CELEBRANTE: Anna vuoi tu prendere Luca come tuo sposo?
SPOSA: Sì.
CELEBRANTE: Puoi donargli il tuo anello.

CELEBRANTE: Sono felice di dichiararvi marito e moglie. Potete baciarvi.

PARLA IL CELEBRANTE: Finale

Oggi vi siete uniti davanti alla vostra famiglia e ai vostri amici. La cerimonia è conclusa e ora Anna e Luca sono una famiglia.

LANCIO DEI FIORI

CERIMONIA NUMERO 7

TIPOLOGIA: Laica
RITI CONTENUTI: Rito delle erbe
SIMBOLISMO CONTENUTO: Erbe, viaggi, animali

Entrata ospiti e sposo insieme
Entrata damigelle
Entrata sposa

CELEBRANTE: INTRODUZIONE

Che piacere vedervi tutti insieme, grazie di essere qui a testimoniare l'amore tra Anna e Luca. Benvenuti!

Come potete immaginare guardandovi attorno e ascoltando i suoni della natura o percependo l'aria sul vostro viso, questa è una celebrazione speciale, carica di dettagli e personalità, come gli sposi che l'hanno ideata. Anna e Luca.

Per capire la cura e l'attenzione nello scegliere ogni aspetto di questa cerimonia, noterete come il bouquet di Anna esprima tre simboli legati ad altrettante piante che lo compongono. La primula è simbolo di leggerezza, come i cuori degli sposi che oggi si dedicano esclusivamente al loro amore. L'erica simboleggia la purificazione e il suo incenso avvolge la coppia in un legame duraturo e felice. Infine, la lavanda, è simbolo di prosperità e felicità.

Anna è erborista e conosce bene gli usi terapeutici e rilassanti delle erbe e così ha voluto comporre gli allestimenti in maniera tale che tutti gli ospiti potessero beneficiare degli effetti benefici di queste essenze. Anna ama il suo lavoro, ma ancora di più ama Luca con il quale da due anni ha vissuto molte avventure e ha esplorato il mondo viaggiando nelle mete che sognavano da ragazzi. Avrete anche sicuramente notato la presenza di Pepe, il loro cagnolino. Anche la sua presenza qui non è un caso. Infatti, oltre ad averli accompagnati nei loro viaggi, Pepe li ha uniti più che mai facendo capire ad Anna e Luca che erano decisi a creare una famiglia insieme. Mentre loro si prendevano cura di lui, ecco che ricevevano in cambio amore incondizionato e una serenità nel cuore che li ha portati a questo giorno importante.

PARLA IL CELEBRANTE

Ci troviamo in una meravigliosa chiesa sconsacrata del 1700. Qui Anna, che è proprietaria del terreno, ha ricreato un meraviglioso orto botanico, le essenze che ci circondano possiamo certamente dire essere a km 0. Mi piace immaginare le vicende delle persone che frequentavano questi luoghi in passato e come noi oggi, insieme ad Anna, Luca e Pepe, stiamo scrivendo una nuova pagina del libro di questo luogo. Il matrimonio, le erbe, il gruppo che è qui riunito segnano passaggi storici delle civiltà. E se è vero che nei libri di storia non vengono annotati tutti i momenti della vita delle persone, noi porteremo come ricordo nelle nostre vite questo matrimonio speciale realizzato da Anna e Luca.

PARLA IL CELEBRANTE: Introduzione alle promesse

A commemorare questo giorno, ci sono le promesse che ora vi leggerete. Anche per queste parole nulla è lasciato al caso, il senso di ciò che vi state per dire è da interpretarsi come un buon proposito di realizzare il benessere della persona che vi starà accanto nei momenti difficili e nelle gioie della vita. Quando il profumo delle erbe è avvolto in un manto ghiacciato, il ricordo di quanto vi state per annunciare, sarà come un raggio di sole caldo che scioglie quello strato invernale e riconsente alle essenze di manifestarsi nel pieno dei loro colori e sentimenti. Anna, Luca, guardatevi e quando siete pronti ascolteremo prima le promesse di Anna e poi quelle di Luca. Chiedo pertanto attenzione e silenzio per questa fase altamente emotiva della cerimonia.
[Lasciare trascorrere qualche secondo affinché si crei l'atmosfera].
Anna, leggi pure. [Anna legge]. Ora tu Luca. [Luca legge]

GLI SPOSI LEGGONO QUELLO CHE HANNO SCRITTO PER L'ALTRO

PARLA IL CELEBRANTE: introduzione al rito

Le erbe hanno proprietà mediche che nel tempo hanno caratterizzato anche la loro associazione simbolica. Il rito che stiamo per celebrare ha come elemento fondante proprio l'uso delle erbe e l'elogio delle loro proprietà a supporto della coppia e della famiglia, compreso Pepe. Come potete notare Anna ha scelto [elencare erbe scelte] mentre Luca ha nel suo vaso [elencare erbe scelte da Luca]. Anna conosce bene le proprietà di queste essenze che a breve andremo a fumigare per creare un incenso rappresentante la nuova famiglia che si sta creando e consolidando con questa unione. Per chi non lo sapesse ... [elencare proprietà curative e simboliche delle piante scelte, vedi capitolo apposito].

RITO DI UNIONE: RITO DELLE ERBE in INCENSO

Anna e Luca siete pronti a iniziare il rito? [Attendere risposta]

Bene, chiederei a tutti gli ospiti di respirare profondamente e concentrarsi su questa fase del rito. Le erbe e le piante ci radicano all'elemento terra, simbolo di solidità e fertilità. La giusta connessione con questo elemento fa crescere vigorose le nostre radici a creare le fondamenta di ciò che vogliamo erigere insieme. Ora vi chiedo, Anna e Luca, di pensare a cosa avete già realizzato insieme, a cosa state vivendo in questo momento e agli obiettivi che vi siete prefissati per la vostra nuova vita insieme. Pensate a quanti meravigliosi viaggi vi aspettano, alle nuove terre, essenze, profumi e suoni che andrete a scoprire insieme, con la voce di Pepe davanti a voi. Solcando continenti, mari immensi, alte montagne, solcando i cieli, insieme, consci che in questo giorno vi siete guardati negli occhi per dire: "Sì, voglio te al mio fianco per tutto ciò che di meraviglioso ci presenterà questa vita insieme." [Pausa di una decina di secondi].
Anna avvicinati, che cosa vuoi versare in questo paiolo insieme alle erbe che hai scelto? Ciò che vuoi venga conservato rimarrà

come cenere, mentre ciò che vuoi ti abbandoni sarà arso ed evaporerà. [Lasciare il tempo di interiorizzare il momento.]

Bene versa pure. Ora tu Luca, visualizza ciò che vuoi preservare e ciò che vuoi abbandonare. [Pausa.]
[Ardere le essenze e fumigare gli sposi.]

Che le proprietà curative e protettive di queste erbe insieme alle vostre più profonde ambizioni e forti desideri vi avvolgano ed entrino in voi attraverso i vostri polmoni per riempire il cuore e la mente e portarvi gioia e coraggio in ogni giorno della vostra vita.
Il rito delle erbe si sta compiendo e vedo che siete già più sorridenti e sereni. In realtà sappiamo che questo è già avvenuto in voi quando vi siete scelti, ma mi piace pensare che con questo rito si sia riaccesa nuovamente in voi questa magnifica sensazione.

PARLA IL CELEBRANTE: introduzione allo scambio del dono

Anna e Luca ora le vostre erbe sono unite in una sola fragranza, ciò significa famiglia! Ora è il momento dello scambio dei doni.
Anna e Luca hanno reso unico anche questo momento scegliendo di scambiarsi dei braccialetti invece degli anelli. Per loro questi braccialetti rappresentano una collezione di ricordi di viaggi vissuti insieme, sono appesi piccoli frammenti di ogni esperienza, una conchiglia raccolta sul lungomare di Tenerife, una pietrolina bucata raccolta alle pendici del Monte Bianco, un pendente a forma di aquila che si sono regalati quando hanno viaggiato in America. Eppure, ci sono ancora molti spazi da riempire con nuove avventure insieme.

Anna, vuoi prendere Luca come tuo sposo e compagno di viaggi, e ridere e piangere e faticare e riposare con lui? [Sì] Va bene, fagli indossare il braccialetto.

E tu Luca, vuoi affrontare i tuoi futuri viaggi con Anna, vivere la vostra intera vita come un viaggio entusiasmante fatto di ostacoli da superare ma anche di serate distese sulla sabbia a guardare le stelle insieme? [Sì] Va bene donale il braccialetto.

Grazie alla responsabilità che avete scelto di concedermi, vi dichiaro uniti in una rinnovata vita insieme. Congratulazioni!

PARLA IL CELEBRANTE: Finale

Ringrazio tutti: i genitori per le lacrime versate e i sorrisi, gli amici per la passione e la goliardia, i parenti che sono qui a far sentire ad Anna e Luca che se avranno bisogno di condividere fatiche e successi voi ci sarete, e infine grazie ad Anna e Luca per averci fatto vivere questa magnifica tappa del vostro viaggio insieme a voi! Un brindisi al vostro amore, evviva! Potete baciarvi naturalmente.

Brindisi tutti insieme e grida al cielo

CERIMONIA NUMERO 8

TIPOLOGIA: Spirituale
RITI CONTENUTI: Rito della preghiera di protezione, calore degli anelli e salto del ramo
SIMBOLISMO CONTENUTO: Luna, elementi naturali

Entrata ospiti
Entrata sposa
Entrata sposa

CELEBRANTE: INTRODUZIONE

Benvenuti! Anna e Sara oggi si sposeranno baciate dalla benedizione della Luna crescente a simboleggiare il vigore di una forte vita insieme.

Come potete notare siamo circondati da montagne e boschi che rappresentano la loro connessione e il loro amore per la natura incontaminata.

Inoltre, siamo in Val Camonica sito nominato patrimonio dell'umanità dall'UNESCO e prima ancora sede millenaria di eventi che hanno segnato la storia delle civiltà antiche che hanno vissuto questi luoghi in passato. Oggi noi entreremo a far parte di quella storia millenaria grazie ad Anna e Sara.

Prendetevi qualche momento per osservare ciò che illumina la Luna in questa serata estiva e ricevete il suo influsso migliorativo e purificativo per partecipare a questo rito nella vostra forma più pura. [Aspettare dieci secondi].

Anna e Sara si sono conosciute alle superiori e hanno subito capito che c'era una complicità speciale tra di loro. Ogni scusa era l'occasione per vivere un'avventura insieme o anche solo trascorrere del tempo lontano dalla frenesia del mondo moderno. La loro propensione all'amore per la vita le ha poi condotte a permettere alle piccole Giulia e Marta di entrare a far parte della loro esistenza regalando loro il calore di una famiglia accogliente e piena di sorrisi sinceri. Questa passione per la vita Anna la esprime anche attraverso il suo lavoro di doula, ovvero di ostetrica naturale. A contraddistinguere la doula è la sua vicinanza alla ciclicità naturale della donna e la conservazione di pratiche di mindfulness e di rilassamento per accompagnare nel migliore dei modi tutte le fasi della gravidanza e del parto. Sara, che fa l'infermiera, è complementare ad Anna nel manifestare la loro attenzione verso il prossimo e la culla di vita che portano nel mondo. Siete due persone magnifiche, grazie per ciò che siete e fate.

Ho citato la Luna non a caso all'inizio del discorso, proprio perché la Luna fa parte della cerimonia che sta per essere celebrata.

PARLA IL CELEBRANTE

Ci troviamo in una fase dell'anno per cui la Luna al picco del suo arco notturno dirige la sua luce attraverso questi abeti secolari direttamente su questo altare in pietra, benedicendo con la sua energia gli eventi che si celebrano in questo momento dell'anno. La Luna Crescente simboleggia la crescita, il vigore, la fioritura, le energie crescenti. Le decisioni prese durante questa fase lunare sono vincenti e destinate a durare nel tempo, le imprese sono facilmente superate e le sfide vinte. Quale miglior momento, dunque, per convogliare le energie dell'universo nella vostra unione.

RITO: PREGHIERA DI PROTEZIONE

Oggi, cari amici e parenti, siete invitati ad essere parte integrante della ritualità dell'unione tra Anna e Sara. È giunto infatti il momento delle preghiere di protezioni con le quali richiedete che anche attraverso le vostre energie e la vostra vita possiate contribuire a proteggere l'amore e la salute di questa famiglia che si sta consolidando in questo giorno speciale.
[Il celebrante prende il ramo di betulla].

Il ramo che ora passerà fra di voi a canalizzare la vostra energia è di betulla, bianca come la luce lunare e in diretta connessione con questo meraviglioso corpo celeste.
[Il celebrante segna un cerchio attorno alle spose nel terreno].

Il cerchio è simbolo di ciclicità e della vita che rinasce e migliora ad ogni fine dichiarando un nuovo inizio all'infinito, oggi rappresenta uno spazio sacro di protezione che vi accompagnerà

nei giorni della vostra vita futura. Ecco ora lo passerò a chi vuole dire una frase di buon augurio e di protezione alle spose.
[Passare ramo agli ospiti che vogliono parlare].

PARLA IL CELEBRANTE: Introduzione alle promesse

Colme degli auguri e della protezione di chi vi vuole bene, Anna e Sara possiamo procedere a ciò che volete comunicarvi l'un l'altra, cosa vi promettete?

LE SPOSE LEGGONO QUELLO CHE HANNO SCRITTO PER L'ALTRA

PARLA IL CELEBRANTE: introduzione al rito del calore degli anelli

Nella convinzione che ciò che vi siete promesse rimanga indelebile nelle vostre menti e nei vostri cuori nei momenti di successo e di difficoltà per superare ogni sfida che vi proporrà il vostro percorso insieme, passerei ora allo scambio degli anelli. Gli anelli verranno fatti passare mano per mano tra tutti gli ospiti che infonderanno questi simboli e canali di energia con le proprie benedizioni e il proprio amore per voi. Una volta finito il passaggio, saranno Giulia e Marta a riportarveli e a fare in modo che possiate scambiarveli.
[Parte il giro degli anelli e poi ritorna alle spose].

Ora potete scambiarvi gli anelli e indossare tutto il calore del vostro clan.

SCAMBIO DEGLI ANELLI

PARLA IL CELEBRANTE: introduzione al salto del ramo

Non ci siamo dimenticati del ramo di betulla, infatti ora le spose, forti dei loro nuovi anelli pregni di forze, amore e coraggio, salteranno il ramo che abbiamo usato per proteggerle e segneranno l'attraversamento di una barriera dimensionale che le porterà in una nuova realtà serafica e benedetta nella quale realizzare tutti i loro progetti e materializzare il loro amore. Questo è il simbolo di un nuovo inizio insieme, solido delle convinzioni maturate nel passato e pregno dell'entusiasmo per le nuove avventure.

[Le spose saltano].
Ora vi dichiaro unite nel segno della Luna. Potete baciarvi!

PARLA IL CELEBRANTE: Finale

Chiedo un ultimo gesto agli ospiti: riunitevi in cerchio attorno alle spose e prendete una manciata di semi fertili nelle vostre mani. Al mio tre lanceremo insieme sulle spose i semi che porteranno fertilità per il loro amore e per la terra che oggi le ha accolte. 1,2,3 Congratulazioni!

LANCIO DEI SEMI

CERIMONIA NUMERO 9

TIPOLOGIA: Laica
RITI CONTENUTI: Rito dell'idromele con il vino
SIMBOLISMO CONTENUTO: Vigna

Entrata ospiti e sposo insieme
Entrata sposa

CELEBRANTE: INTRODUZIONE

Benvenuti al matrimonio di Anna e Luca. Oggi ci troviamo in una località che stimola grandi emozioni, ospitati nelle Langhe piemontesi in questa meravigliosa tenuta a cui gli sposi hanno dato nuova vita e reso una profittevole attività produttiva conservandone il valore naturalistico. Ci troviamo a celebrare la loro unione su queste alture che Anna e Luca sono soliti visitare dopo le lunghe giornate di lavoro in vigna, specialmente in estate, a godere dell'aria fresca e del tramonto al di là dei filari.

DISCORSO DEL CELEBRANTE

Il vino fa parte della nostra tradizione piemontese da tempi antichi, e ancor prima dei Romani, i Celti usavano produrre e bere idromele in questi stessi luoghi. Oggi il rito che abbiamo personalizzato e reso unico con Anna e Luca avrà come elemento simbolico il vino che ha segnato la loro collaborazione lavorativa e oggi segna anche il loro successo come coppia. Voi che sicuramente conoscete bene gli sposi, saprete la fatica e la dedizione con cui si sono messi all'opera per realizzare questo progetto e sappiamo parimenti che anche il loro amore gioverà della forza nel resistere agli ostacoli che sempre ci presenta la vita per condurci ad una nuova fase ancor più bella e luminosa. Anna e Luca hanno chiesto a chi volesse contribuire alla cerimonia con un augurio o con dei ricordi, di scrivere alcune frasi e di leggere qui davanti a loro come gesto beneaugurale. Uno alla volta vi chiamerò per farvi declamare ciò che avete preparato.

[Chiamare uno alla volta gli invitati che desiderano parlare, aiutandosi con una lista se sono numerosi e lasciando non troppo tempo ad ognuno degli ospiti.]

PARLANO GLI OSPITI

111

PARLA IL CELEBRANTE: Introduzione alle promesse

Ora che abbiamo tutti ascoltato queste emozionanti dediche agli sposi, prepariamoci con gioia e concentrazione a ciò che gli sposi vogliono dedicarsi l'un l'altra. Vi chiedo qualche momento di silenzio per introdurre questo momento importante della cerimonia.
[Attendere circa dieci secondi.]

Anna, comincia tu, cosa vuoi dedicare o promettere a Luca per la vostra vita insieme e per ciò che vi ha condotti sin qui?
[Anna legge o dice la sua promessa.]

Luca, tocca a te, guarda Anna e dedicale con tutto il candore dell'amore che provi per lei le tue parole che si concretizzeranno in azioni in ogni istante della vostra futura vita insieme. [Parla Luca leggendo la sua promessa.]

GLI SPOSI LEGGONO QUELLO CHE HANNO SCRITTO PER L'ALTRO

PARLA IL CELEBRANTE: introduzione al rito del vino

Grazie a tutti per le meravigliose manifestazioni di amore che ci permettono di avanzare verso la prossima fase della cerimonia. Come vi dicevo all'inizio, oggi il vino sarà nostro complice simbolico. Associamo tutti il brindisi ad un buon augurio e quale migliore occasione per rendere perfettamente coerente questo gesto. Ora Luca, prendi la bottiglia che hai scelto per questo momento. Un buonissimo ALBA Doc prodotto qui in tenuta. Alba non a caso, simbolo di un nuovo inizio insieme. Ti prego di versare il vino nel calice dal quale Anna berrà tre sorsi e poi tu Luca a tua volta berrai tre sorsi. Il numero tre è propiziatorio di buona fortuna per la coppia e anche nelle narrazioni epiche è iperbole di gesti importanti.

PARLA IL CELEBRANTE: introduzione allo scambio degli anelli

Il vino ha inebriato le vostre menti e acceso i vostri cuori, con questa rinnovata energia chiedo al paggetto di portarci le fedi nuziali.

Grazie Simone (paggetto con le fedi).

Luca, vuoi condividere con Anna ogni attimo di gioia e superamento delle fatiche che la vita vi porterà innanzi? Se sì, falle indossare l'anello.

E tu Anna, vuoi Luca al tuo fianco per sostenerti nei vostri progetti di vita e per affrontare le difficoltà con una rinnovata forza insieme? Se sì fagli indossare l'anello.

[Attendere qualche secondo.]
Davanti a tutta la vostra famiglia e agli amici qui riuniti, vi dichiaro marito e moglie. Congratulazioni, potete baciarvi!

SCAMBIO DEGLI ANELLI

PARLA IL CELEBRANTE: Finale

Invito tutti gli ospiti a riunirsi in due file lungo la navata centrale per lanciare i petali di rosa agli sposi durante il loro passaggio. Anche qui la simbologia vuole che le rose siano augurio di prosperità e felicità. Viva gli sposi!

LANCIO DEI PETALI

CERIMONIA NUMERO 10

TIPOLOGIA: Laica
RITI CONTENUTI: Rito della sabbia
SIMBOLISMO CONTENUTO: Mare

Entrata ospiti e sposo insieme
Entrata sposa

CELEBRANTE: INTRODUZIONE

Ben trovati in questo giorno importante per Anna e Luca! Oggi annunceremo a tutti il loro amore e lo sanciremo attraverso il peculiare rito della sabbia come scelto dagli sposi. Ci troviamo a Gatteo a Mare, precisamente al lido 74, dove Anna e Luca si sono incontrati per la prima volta quando erano ancora ragazzi e in vacanza con le loro famiglie. Così tanti anni dopo, a commemorare questo loro incontro fortunato e segno del destino, sono qui a promettersi amore e felicità reciproca e ad avviare il seguito della loro vita insieme.

Conosco Anna e Luca da quegli anni sereni in gioventù, quando avevamo una grande comitiva e trascorrevamo tante serate estive insieme. Oggi di tutto quel gruppo siamo rimasti in pochi, ma la nostra amicizia è cresciuta così tanto da condividere i momenti più importanti delle nostre vite. Anna e Luca si sono amati da subito e il loro sentimento non ha fatto altro che crescere in tutti questi anni. Vedo i loro sguardi e l'energia che li collega e sono felice e onorato di unirvi oggi in matrimonio, in questo luogo che per voi significa moltissimo e che ad amici e parenti ricorda le spensierate vacanze estive, quando il lavoro e le fatiche del mondo per un po' restano fuori dalle nostre esistenze e così possiamo ricaricarci. Ecco, oggi cercheremo di convogliare tutti questi sentimenti insieme al vostro amore perché vi possano aiutare in ogni momento della vostra futura vita insieme.

PARLA IL CELEBRANTE: introduzione al discorso degli ospiti

Visto che abbiamo così tanti ricordi, memorie ed emozioni condivise, chiederei a chi di voi ha deciso di rivolgere qualche parola agli sposi di avvicinarsi e ad uno ad uno leggere ciò che avete preparato per augurare il meglio ad Anna e a Luca.

Il bello di questa celebrazione giace nell'armonia tra le persone che vi partecipano e quindi anche gli ospiti ne sono una parte integrante e fondamentale.
[Chiamare gli ospiti uno alla volta.]

PARLANO GLI OSPITI

PARLA IL CELEBRANTE: Introduzione alle promesse

Grazie a tutti delle meravigliose parole. A questo punto è giunto il momento di sentire che cosa hanno da dichiararsi gli sposi. Prendiamoci qualche istante di silenzio e concentrazione per lasciare aria e tempo agli sposi di concentrarsi l'uno sull'altra. [Aspettare cinque secondi.]
Anna, inizia tu. Spiega a Luca cosa provi e cosa ti auguri per la vostra vita insieme dopo che sarete sposati.
[Anna dice la sua promessa.]
Luca, tocca a te, guarda Anna ed esprimi ciò che provi in questo istante e ciò che desideri per il vostro futuro insieme. [Luca dice la sua promessa.]

GLI SPOSI LEGGONO QUELLO CHE HANNO SCRITTO PER L'ALTRO

PARLA IL CELEBRANTE: introduzione al rito della sabbia

L'atmosfera è adatta, gli sposi si sono promessi amore vicendevolmente, l'entusiasmo è al giusto livello per procedere con la cerimonia. Il simbolo oggi utilizzato è la sabbia. I due sposi hanno in mano due piccole giare contenenti sabbie prese da punti diversi del litorale a rappresentare le caratteristiche di ognuno dei due. La complessità ed unicità di ogni persona è in grado di unirsi con un'altra mantenendo le proprie imperfezioni e i propri pregi, ma allo stesso tempo creando una nuova unità compatta e multiforme, un'essenza nuova e migliore perché frutto dell'amore sincero tra voi due e scaturito dalla necessità di fondersi insieme a generare qualcosa di nuovo e meraviglioso. Anna e Luca, vi chiedo di versare con gentilezza le vostre sabbie in questa giara più grande. Da due individui nasce qualcosa di più grande e unico a sua volta.

Ora siete anche voi un tutt'uno e nulla potrà separarvi perché distinguere una sabbia dall'altra ora è molto difficile, così il vostro amore vi intrecci e vi dia la forza di vivere ogni giro di clessidra con gioia ed entusiasmo.

INTRODUZIONE DEL CELEBRANTE ALLO SCAMBIO DEGLI ANELLI

Le scelte fatte, i gesti svolti, i giorni delle vostre esistenze, lo scambio di idee e sentimenti vi hanno condotto fino a questo momento, oggi in una fresca serata estiva a scambiarvi il simbolo per eccellenza dell'amore.

[Entrano gli anelli.]

Anna, vuoi Luca al tuo fianco negli anni che verranno e nelle future vacanze e gioie che vivrete?

[Risposta sì, e poi fa indossare l'anello a Luca]

Luca, vuoi Anna come tua sposa, compagna, amica, guida e ispirazione per la vita di cui andrete a fare esperienza insieme?

[Risposta sì e scambio dell'anello.]

Ora siete uniti indissolubilmente, vi dichiaro marito e moglie, potete baciarvi.

SCAMBIO DEGLI ANELLI

PARLA IL CELEBRANTE: Finale

La cerimonia è compiuta, gli sposi ancora più innamorati dopo questa cerimonia e questo lungo bacio, sono pronti ad accogliere il vostro augurio di felicità e prosperità rappresentato dai petali di rosa che avete in mano. Ancora congratulazioni e grazie a tutti di essere qui oggi, viva gli sposi!

LANCIO DEI PETALI

CERIMONIA NUMERO 11

TIPOLOGIA: Spirituale
RITI CONTENUTI: Handfasting
SIMBOLISMO CONTENUTO: Cerimonia intima

Entrata ospiti e sposo insieme
Entrata sposa

CELEBRANTE: INTRODUZIONE

Anna, Luca, Marco e Sara, state per partecipare ad un rito speciale quest'oggi. La scelta del luogo per realizzare la magica unione di Anna e Luca ci ha condotti in questa valle glaciale ai piedi del Monte Bianco. Le luci dell'alba infiammano di rosso il panorama e la temperatura, aumentando, ci prepara a far splendere nuova forza e amore per la coppia che da domani inizierà una nuova esplorazione, si immergerà in energie ed emozioni aumentate da ciò che sanciremo oggi e che è tuttavia una pietra miliare di un percorso iniziato dieci anni fa.

Il fatto che siamo solo noi cinque fa ben capire come al centro di questa celebrazione ci siano gli sposi e il loro amore immersi nel rapporto con la natura e il mondo circostante. La parola d'ordine oggi è autenticità e sentimento e vorrei che ci tenessimo tutti per mano.

[il celebrante tra gli sposi che non si possono toccare fino all'handfasting.]

Per qualche istante chiudiamo gli occhi e creiamo un cerchio sacro con le nostre aure. Concentratevi sui suoni del bosco e la brezza frizzante attraverso i vostri capelli, tra poco il Sole ci illuminerà. [Aspettare qualche secondo in silenzio].

Lo spazio sacro è pronto, ora chiederei a Marco e Sara di allontanarsi di qualche passo.

PARLA IL CELEBRANTE

Anna, Luca, oggi vi unirete indissolubilmente portando il vostro amore ad un livello più alto. So che avete avuto dei percorsi di vita difficili che, però, vi hanno condotti fin qui, dopo avervi fatto incontrare proprio quando avevate più bisogno l'uno dell'altra. Osservatevi e pensate a tutto il vostro percorso insieme.

PARLANO GLI OSPITI

Marco e Sara hanno vissuto molti di quei momenti con voi, affianco come veri amici, siete un clan e loro ci tenevano a dirvi quanto siete importanti per loro e cosa significhi per loro il vostro amore. Prego Sara, fai un passo avanti e leggi ciò che desideri trasmettere ad Anna e a Luca. [Parla Sara] Grazie per queste parole toccanti, Marco ora leggi tu. [Parla Marco.]

PARLA IL CELEBRANTE: Introduzione alle promesse

Con questo vorticare di ricordi, pensieri ed emozioni è giunto il momento di dichiararvi l'un l'altra cosa provate reciprocamente e cosa significa per voi oggi unirvi con questo rituale antico, in questo luogo e con le vostre anime belle.
Luca ti chiedo di iniziare perché vedo Anna visibilmente emozionata. [Luca legge la promessa.]
Anna, fai un respiro profondo e trasmetti ciò che provi a Luca, so che è difficile e che la voce sarà intervallata dal pianto magari, ma siamo qui tutti insieme per inebriarci di questa gioia. Leggi pure Anna oppure fai leggere a Luca ciò che gli hai scritto. [Anna passa a Luca il biglietto con la promessa e Luca la legge nella sua mente.]

GLI SPOSI LEGGONO QUELLO CHE HANNO
SCRITTO PER L'ALTRO

PARLA IL CELEBRANTE: introduzione al rito
dell'handfasting

In questo stato emotivo e con il benestare del luogo che ci protegge, vi spiego brevemente come procederemo al rito della fasciatura e intreccio delle mani. Ad ogni passaggio del nastro suo vostri polsi chiederò a turno di dire una parola che rappresenti il vostro amore, una parola che sia di buon augurio per il futuro e una parola che simboleggi l'altra persona per voi. [Il celebrante prende i due nastri, li unisce e ad ogni passaggio sopra il polso

della sposa e dello sposo chiede loro la parola ricordando cosa rappresenti.]
[Dopo aver legato in nodo i due nastri il celebrante parla.]

Con questi nodi multipli stiamo dicendo all'universo che ora voi siete un'entità unica e nuova, frutto dell'unione di due parti distinte che ora viaggeranno nel mondo insieme.

PARLA IL CELEBRANTE: introduzione allo scambio degli anelli

So che sarà difficoltoso con una mano sola, ma Marco e Sara vi aiuteranno nello scambiarvi gli anelli.
Anna, ora sei legata a Luca tramite il rito dell'handfasting, accetti e desideri di trascorrere una lunga vita meravigliosa insieme a Luca? [Sì, lo desidero, scambio anello.]
Luca, vuoi sostenere Anna in ogni sua impresa, attività ed essere il suo sostegno nelle difficoltà e il suo primo sostenitore durante i suoi successi? [Sì, lo voglio, scambio anello.]

SCAMBIO DEGLI ANELLI

PARLA IL CELEBRANTE: Finale

Vi dichiaro universalmente marito e moglie, potete baciarvi e prendere del tempo per voi nel bosco, fate con calma, noi vi aspettiamo qui.
[Lasciare qualche minuto alla coppia per realizzare ciò che è avvenuto, mentre si conversa con gli ospiti e si spiega l'ultima parte del rito.]

BUON AUGURI DA PARTE DEGLI OSPITI

Mentre aspettiamo Anna e Luca, vi chiedo si raccogliere le essenze che ho preparato in quel paiolo. Il lancio delle fragranze è auspicio di benessere e fertilità per la coppia. Vi chiederei inoltre di intingere le dita nell'acqua profumate e di bagnare gentilmente gli sposi al loro ritorno per aiutarmi a benedirli.

[La coppia torna e si fa quanto detto.]
Congratulazioni! Viva gli sposi!

CERIMONIA NUMERO 12

TIPOLOGIA: Laica
RITI CONTENUTI: Rito della luce
SIMBOLISMO CONTENUTO: Cerimonia con tanti ospiti

Entrata ospiti e sposo insieme
Entrata sposa

CELEBRANTE: INTRODUZIONE

E' un piacere vedervi tutti qui riuniti oggi per celebrare il matrimonio di Anna e Luca. Siete un meraviglioso gruppo di amici e parenti e spero che tutti possiate sentire bene la mia voce e partecipare concretamente alla cerimonia.

PARLA IL CELEBRANTE

Siamo in un luogo affascinante scelto dagli sposi per la storia e la simbologia che racchiude, questo incantevole parco sarà la sede di un evento importante delle nostre vite, certamente per quelle di Anna e Luca che da oggi potranno riaffermare con forza il loro amore. Il calore che oggi portate alla coppia non si manifesta solo dal gran numero dei partecipanti, bensì dalla qualità dell'affetto che portate alla coppia. Per questo inviterei chi desidera esprimere le proprie emozioni, ricordi e auguri alla coppia di avvicinarsi all'altare. Vi chiamerò uno alla volta, prego. [Inizia a chiamare i nomi sulla lista o farli avanzare nell'ordine con cui sono arrivati dalla navata centrale.]

PARLANO GLI OSPITI

PARLA IL CELEBRANTE: Introduzione alle promesse

Anna e Luca, che ospiti meravigliosi. Vorremmo però ascoltare ora cosa avete preparato l'uno per l'altra. So che siete molto riservati e parlare davanti a questo ampio pubblico risulta uno sforzo considerevole, ma immaginate che siate solo voi due, pensate agli attimi indimenticabili delle avventure vissute insieme, focalizzate un momento di serenità e gioia nella mente e portatelo con voi mentre leggete le vostre promesse. [Aspettare qualche secondo.]

Anna, inizia tu. Spiega a Luca cosa significa per te avere lui al tuo fianco oggi e cosa significa sposarlo. [Anna legge.]
Luca, sei consapevole dell'impegno che ti assumi oggi, di sostenere e amare Anna proseguendo una nuova e splendida vita insieme? Cosa vorresti farle sapere? [Luca legge.]

GLI SPOSI LEGGONO QUELLO CHE HANNO
SCRITTO PER L'ALTRO

PARLA IL CELEBRANTE: introduzione al rito della luce

Chiederei ora ai genitori e ai fratelli degli sposi di formare un cerchio attorno a loro e prendere una candela ognuno. Anche gli sposi, come noterete hanno un grande cero. Ora accenderò la prima candela e uno dopo l'altro accenderete la candela del vostro vicino. Fino a concludere il giro accendendo il cero della coppia. Questo gesto ha origini antiche e la simbologia che lo accompagna è quella del trasferimento della forza e dell'energia per consolidare e affiancare Anna e Luca in tutti gli avvenimenti che affronteranno d'ora in avanti. Detto questo accendete la vostra luce con intenti positivi e gioiosi.
[Avvio del rito con l'accensione della prima candela.]

Guardate che intensità! Grazie della carica e dell'entusiasmo che state facendo ardere oggi. Potete tornare ai vostri posti perché ora proseguiamo con il momento dello scambio degli anelli.
[Fare cenno al paggio di portare gli anelli.]

INTRODUZIONE DELE CELEBRANTE ALLO
SCAMBIO DEGLI ANELLI

Anna, Luca, oggi mi sento oltremodo onorato di essere il vostro celebrante e ancora più nel vedere il vostro amore suggellarsi con questa celebrazione, grazie. Anna, vuoi prendere Luca come tuo sposo e affontare con lui il mondo e la vita che verrà?
[Sì, lo voglio, scambio anello.]

E vuoi tu Luca prendere per mano Anna e condurla al tuo fianco nella realizzazione dei vostri progetti e nella gioia del vostro rinnovato amore?
[Sì, lo voglio. Scambio anello.]
Potete baciarvi.

SCAMBIO DEGLI ANELLI

PARLA IL CELEBRANTE: Finale

Ricordo che il grano che state per lanciare è simbolo di fertilità e prosperità, quindi abbondate mi raccomando!
Viva gli sposi, congratulazioni!

LANCIO DEL GRANO

CERIMONIA NUMERO 13

TIPOLOGIA: Laica
RITI CONTENUTI: Rito degli scarponi (personalizzata)
SIMBOLISMO CONTENUTO: Montagna, camminate, boyscout

Entrata ospiti e sposo insieme
Entrata sposa

CELEBRANTE: INTRODUZIONE

Benvenuti al matrimonio di Anna e Luca. Vedo molti degli ospiti nella loro divisa ufficiale, siete stupendi. Oggi come potete notare, ci troviamo ai piedi del Monte Bianco, vetta che Anna e Luca hanno scalato più volte e in vetta al quale è stata fatta la proposta di matrimonio. La scalata, il viaggio, la vita con il gruppo e i traguardi raggiunti sono l'elisir costituente di questa coppia che ha portato benessere non solo vicendevole ma anche a tutte le persone che hanno aiutato in questi anni; quindi, chiederei come prima cosa di far loro un grande applauso di ringraziamento e di buon augurio.

PARLA IL CELEBRANTE

Anna, Luca, abbiamo creato insieme questa cerimonia perché vi rappresentasse a pieno e fosse messa in evidenza l'aspetto più importante di questa giornata: il vostro amore.

Per rendere personale la cerimonia, la dobbiamo tessere con le parole associate ai ricordi non solo reciproci, ma anche di tutti coloro che vi sono stati vicini in questi anni di fidanzamento ed alcuni da ancora prima, quando eravate bambini. Vorrei far avvicinare Sara, Gianni, Michela e Franco che vogliono raccontarvi una parte di queste esperienze insieme.

PARLANO GLI OSPITI

PARLA IL CELEBRANTE: Introduzione alle promesse

Grazie, grazie davvero di questi ricordi ed emozioni riemerse dal passato. Ora che i vostri ospiti si sono esposti, tocca a voi dichiararvi amore e dire all'altro che cosa vi sentite dentro in questo momento importante della vostra vita.

Pregherei Luca di incominciare.

[Luca legge la sua promessa.]
Ora Anna, tocca te dire a Luca cosa provi.
[Anna legge la sua promessa.]

GLI SPOSI LEGGONO QUELLO CHE HANNO SCRITTO PER L'ALTRO

PARLA IL CELEBRANTE: introduzione al rito dell'handfasting con scarponi

Siamo pronti ad avviare il rito che abbiamo composto insieme. Abbiamo rivisitato il rituale antico dell'handfasting riadattandolo alle vostre personalità ed esperienze. Come potete vedere ci sono due paia di scarponi da trekking vicino all'altare. Ora legherò simbolicamente insieme i lacci di questi scarponi ad indicare che volete affrontare ancora molte scalate e viaggi insieme e tra tutti, forse il più importante, quello della vita. Ad ogni nodo che farò chiederò ad Anna e Luca di dirmi una parola che rappresenti il vostro passato, presente e futuro e così facendo li legheremo ai passi che condurrete di qui in avanti. Vi auguro si solcare verdi pianure e brulle montagne per giungere ogni volta in cima.

PARLA IL CELEBRANTE: introduzione allo scambio dei doni

Concludiamo questa cerimonia con lo scambio delle collane. Come simbolo di amore Anna e Luca hanno intessuto collane intrecciando le pietroline raccolte su ogni vetta che hanno scalato insieme. Come per gli anelli, anche le collane racchiudono il simbolo di dono della vita e del proprio sposo all'amato. Quindi ti chiedo Anna, vuoi tu sposare Luca e scalare le montagne mano nella mano?
[Sì scambio collana.]
E tu Luca vuoi dividere il peso delle difficoltà e le gioie dei successi insieme ad Anna per tutti i giorni che verranno?
[Sì, lo voglio, scambio delle collane.]
Vi dichiaro marito e moglie, potete baciarvi, congratulazioni.

PARLA IL CELEBRANTE: Finale

Prima di andare a mangiare, un ultimo augurio da parte degli ospiti che vi prospettano fertilità e benessere con il lancio dei petali di rosa. Ancora auguri e viva gli sposi!

LANCIO DEI PETALI

CERIMONIA NUMERO 14

TIPOLOGIA: Laica
RITI CONTENUTI: Rito personalizzato. Ognuno scrive i valori importanti della propria cultura di origine legati all'amore e si bruciano in un calderone con rito delle erbe in incenso
SIMBOLISMO CONTENUTO: Viaggi, ospiti da tutto il mondo

Entrata ospiti e sposo insieme
Entrata sposa

CELEBRANTE: INTRODUZIONE

Welcome everybody to this emotive and special event. I'll wish you all the best and I'll thank you for joining us from all over the world. Anna and Luca are glad for your presence today. As you know we are living difficult times but all of you, as expert travelers, have found a way to reach this beautiful Italian location. We are surrounded by the woods and forest of Val Camonica. We are in a UNESCO archeological site where several cultures and peoples spent their lives and celebrated their ceremonies.

PARLA IL CELEBRANTE

Anna and Luca, you're about to accomplish a rare goal in the existence of every human being. Your love is reaching the next level with today's event. I know that you have a lot of memories thanks to your past journeys together and I also bet that your guests have something to share with you and with us today. So, I'm inviting all of you that have something to share with Anna and Luca to join us coming closer to the altar.

[Dare la parola uno alla volta agli ospiti che vogliono raccontare un'esperienza vissuta insieme ad Anna e Luca.]

PARLANO GLI OSPITI

PARLA IL CELEBRANTE: Introduzione alle promesse

Now is the time that Luca and Anna will promise each other what they have in mind for their future and what they feel today looking in each other's eyes. Anna. I'll ask you to start first. [Anna legge la sua promessa.]
Now is the turn of Luca.
[Luca legge la sua promessa.]

GLI SPOSI LEGGONO QUELLO CHE HANNO SCRITTO PER L'ALTRO

PARLA IL CELEBRANTE: introduzione al rito personalizzato

As you can see, under your seat you can find a piece of paper and a pen. I'll ask you to write what are the most important values around the sense of love and journey in your culture so that we can burn in a unique essence all the best parts of our existence in a singular entity to be gifted to Anna and Luca. Once you're ready, come to throw your piece of paper in the burning cauldron.

PARLA IL CELEBRANTE: introduzione allo scambio dei doni

The fire and flame, the burning air is warming the rings.
[Gli anelli arrivano presso l'altare grazie al paggio.]
Anna, do you want to share your life and your love with Luca?
[Sì, lo voglio, scambio anello.]
And you, Luca, will you support your wife Anna with the adversities and during the merry day you will face in your life together?
[Sì, lo voglio. Scambio degli anelli.]
You are now married; you can kiss each other.

SCAMBIO DEGLI ANELLI

PARLA IL CELEBRANTE: Finale

I wish you all the best, congratulations!

CERIMONIA NUMERO 15

TIPOLOGIA: Spirituale
RITI CONTENUTI: Purificazione del luogo e protezione della
famiglia, benedizione dei figli
SIMBOLISMO CONTENUTO: Matrimonio in casa propria,
focolare domestico, famiglia numerosa

Entrata ospiti e sposo insieme
Entrata sposa

CELEBRANTE: INTRODUZIONE

Benvenuti a questa celebrazione spirituale dell'unione di Luca e Anna. Ci troviamo nel loro focolare domestico, dove le energie degli avi proteggono la famiglia ed è poderoso il flusso di calore e amore che avvolge gli sposi e gli ospiti di questo evento importante.

DISCORSO DEL CELEBRANTE

Insieme ad Anna e Luca per celebrare la loro unione, ci sono anche il piccolo Stefano, Lucia e Artemide. Celebrare l'unione con la presenza dei figli crea una sintonia che va al di là della coppia ma che coinvolge tutti i membri del clan. Inizierei quindi a benedire tutti voi con una preghiera celtica beneaugurale.

"A voi la dolce pace dello scorrere del ruscello. A voi la lieve pace del flusso dell'aria. A voi la profonda pace della terra silenziosa. A voi la chiara pace delle stelle lucenti."

PARLANO GLI OSPITI

Dopo la benedizione da parte mia e del Genius loci, vorrei invitare gli ospiti a dire qualche parola di incoraggiamento e di sostegno agli sposi. Prego avvicinatevi.
[Uno alla volta invitare gli ospiti che si sono avvicinati a parlare.]

PARLA IL CELEBRANTE: Introduzione alle promesse

Anna e Luca, ora che siete consapevoli dell'amore delle persone che vi circondano è giunto il momento di dichiararvi reciprocamente amore, rispetto e i valori che per voi sono importanti da condivider per una lunga vita armoniosa insieme. Luca, comincia tu.

[Luca legge la promessa.]
Anna, dopo aver ascoltato Luca, che cosa gli vuoi dire e che cosa vuoi augurarvi?
[Anna legge la promessa.]

GLI SPOSI LEGGONO QUELLO CHE HANNO SCRITTO PER L'ALTRO

PARLA IL CELEBRANTE: introduzione al rito della benedizione familiare

Il rito di oggi ci coinvolge tutti, prendiamoci per mano e osserviamo un oggetto o un elemento naturale che ci circonda. Percepiamo la mano di chi sta stringendo la nostra e apriamo la nostra anima nella loro direzione. Benedite ciò che avete focalizzato. Ripetete le parole:
"Ti amo, grazie, ti benedico, sei luce, sei gioia. Proteggi questa casa e questa famiglia e questo amore."

Interiorizzate questa sensazione e visualizzate Anna, Luca e i loro figli felici nel presente e nel futuro ad invecchiare insieme nella loro meravigliosa casa, circondata da amici e sostenuti dai parenti. [Lasciare qualche secondo per assorbire l'atmosfera e benedire il luogo.]

PARLA IL CELEBRANTE: introduzione allo scambio dei doni

Si è creata una benedizione di protezione per il vostro rapporto, la vostra famiglia e la vostra casa. In queste condizioni ottimali vi chiedo di far arrivare gli anelli che andrete a scambiarvi.

SCAMBIO DEGLI ANELLI
Vuoi tu Anna batterti perché tutto ciò che è stato creato dalla vostra unione possa maturare e splendere per rendere la vostra realtà migliore ogni giorno?
[Sì, scambio dell'anello.]

E vuoi tu Luca essere un pilastro saldo per tua moglie e per i tuoi figli anche quando le forze scarse e la gioia saranno apparentemente lontane? Vuoi essere la luce nell'ombra e la guida insieme ad Anna della vostra famiglia?
[Sì, scambio dell'anello.]

PARLA IL CELEBRANTE: Finale

Sono lieto di dichiararvi marito e moglie, potete baciarvi, congratulazioni! Viva gli sposi!

APPENDICE

IL SIGNIFICATO SIMBOLICO
DI ERBE E ALBERI

LA PRIMULA: In Galles ed in Irlanda le primule sono considerate fiori fatati. Sono i primi fiori a fiorire in primavera e significano leggerezza. Ancora oggi si pensa che staccare la prima primula che si vede nella stagione e suonarla tra le labbra (basta mettere il fiore tra le labbra e suonarla come se fosse una trombetta) possa trasportare nel mondo delle fate.

FIORI DI GINESTRA: Il suo fiore rappresenta purificazione e protezione, gioia, forza d'animo e coraggio.

LA MARGHERITA: In tutte le sue forme lei è la regina dei prati e porta amore e gentilezza. Al nord è il simbolo della dea della primavera Eostre. Una delle leggende celtiche narra che un giorno Bellis, figlia del dio Belus mentre danzava con il suo fidanzato, venne attirata dal dio della primavera che si era innamorato di lei e voleva rapirla. Per paura di perderla quindi il fidanzato si scagliò violentemente contro la divinità. Bellis si spaventò di tutta questa violenza, chiuse gli occhi e si trasformò in una margherita di prato.

ORTICA: Fa nascere passione e desiderio. Si presume che fosse già utilizzata nella preistoria sia per nutrimento che come pianta tessile. I semi erano inoltre ritenuti afrodisiaci.

LAVANDA: Antico simbolo di fortuna, amore, lealtà e devozione. Si dice che Venere la utilizzasse nei suoi riti magici dell'amore perché il suo profumo attirava gli uomini, garantendo loro amore, felicità, protezione, purificazione e gioia. Proprio per questo motivo ancora oggi è tradizione che alcune spighe di lavanda vengano poste all'interno del corredo della futura sposa per augurarle felicità e prosperità.

ERICA: Porta un'unione felice e duratura. Ancora oggi si utilizza come pianta purificatrice. Bruciare erica essiccata, come se fosse incenso, serva a tenere lontani gli spiriti maligni.

MIRTO: Rappresenta una vita lunga e serena. Nell'antichità il mirto era una pianta di buon augurio.

ROSMARINO: Favorisce il ricordo e la purificazione.

ALLORO: L'alloro è da sempre collegato alla poesia per il fatto di essere un sempreverde e quindi simbolo dell'immortalità.

PERVINCA: La pervinca è anche chiamata viola della strega ed è sacra alla Grande Dea.
In Inghilterra marito e moglie mangiavano i suoi petali per avere un'unione felice, i fiori venivano lanciati sugli sposi come buon augurio e messi sotto il letto per assicurare la passione. Si dice anche che portare un fiore di pervinca sempre con sé porta fortuna in amore.

IPERICO: L'iperico è una pianta solare che da sempre si pensa allontani le forze negative.

VERBENA: Una delle piante più amate dal mondo antico. I druidi la raccoglievano quando sorgeva la stella Sirio e una volta raccolta versavano una goccia di miele sul terreno come scambio alla terra. La utilizzavano per predire il futuro, guarire tutte le malattie e suscitare allegria. Veniva indossata fatta a coroncina.

ARTEMISIA: Tenere un sacchetto di artemisia sotto il cuscino porta sogni premonitori. Protegge il matrimonio e la felicità della famiglia.

SALVIA: Fin dai tempi più antichi la salvia è sempre stata utilizzata per la purificazione e la longevità del corpo e della mente.

TARASSACO: Tarassaco, dente di leone, soffione, sono tutti nomi dello stesso fiore giallo
che durante il suo ciclo vegetativo si trasforma in soffione. Nel linguaggio dei fiori simboleggia la forza, la speranza e la fiducia.

VIOLA: In passato, le donne usavano l'acqua di violetta per lavarsi il viso poiché si pensava
portasse bellezza.

LA BETULLA: La betulla è l'albero dell'inizio. La sua pelle argentea la riconduce alla Luna. La betulla si diffonde spontaneamente nel bosco e si adatta bene al freddo; è un albero del sacrificio, le sue foglie cadendo a terra danno nutrimenti a piante più grosse, come la quercia, che però crescendo possono togliere luce alla betulla e lasciarla quindi morire. I rami di betulla vengono utilizzati ovunque nel mondo per la purificazione. Esso è l'albero della rinascita della luce e della primavera.

IL SORBO SELVATICO: Il sorbo è anche chiamato albero della vita, è l'albero del risveglio e del ritorno alla vitalità. Il suo nome è legato al fuoco, inteso come albero di potere poiché i druidi lo utilizzavano durante i loro rituali di veggenza. Allontana la negatività, tiene lontane le azioni dispettose. Le donne scozzesi ancora oggi utilizzano le sue bacche per farsi una collana da portare come amuleto.

IL FRASSINO: Anche il frassino, insieme alla betulla, è il primo albero a rinascere su terreno incolto. Anche lui quindi simboleggia rinascita, trasformazione e iniziazione. Il frassino brucia anche da verde e il fumo che ne scaturisce è utilizzato come incenso benefico. Le foglie del frassino portano fortuna, se ne coglieva una pronunciando una formula rituale e poi la si portava in tasca come talismano.

L'ONTANO: L'ontano è legato all'acqua dove preferisce crescere. L'acqua per i celti era legata al passaggio all'Altromondo, che metteva in comunicazione vivi e morti, per questo l'ontano è l'albero del passaggio al mondo spirituale e simboleggia la risurrezione. Rappresenta anche la resistenza e la forza.

IL SALICE: Anche il salice è legato all'acqua e nella tradizione anche alla Luna piena. È legato alla Dea Bianca, la grande Dea Madre e come lei rappresenta tutti i momenti della vita. Il salice è l'albero dei poeti e della poesia.

IL BIANCOSPINO: Albero legato alla fertilità e alla femminilità. Rappresenta il selvaggio, la donna selvaggia che si rinnova ogni anno nel ciclo della. È un albero sacro alle fate e la sua presenza su una collina indica anche la presenza di queste. Non deve essere tagliato.

LA QUERCIA: La quercia è l'albero della luce. Può vivere anche più di mille anni, rappresenta quindi la longevità ed essendo l'albero sacro ai druidi (dal quale prendono il nome) è anche l'albero del ricordo del popolo, che si tramanda di generazione in generazione. Rappresenta il contatto con gli antenati e con la terra.

L'AGRIFOGLIO: L'agrifoglio è un sempreverde che ancora oggi è utilizzato con il suo scopo di protezione da intenti e persone negative. È l'albero della protezione e della fortuna.

IL NOCCIOLO: Il nocciolo è l'albero della conoscenza e la nocciola è il simbolo della conoscenza interiore. Le nocciole sono anche il simbolo della saggezza poetica.

IL MELO: La mela è uno dei frutti più presenti nella mitologia, è il simbolo della Dea. L'isola di Avalon era anche chiamata la terra delle mele. Il melo è l'albero dell'immortalità.

LA VITE: La vite è legata agli effetti del vino: a gioia, armonia, felicità. È l'insegnante che porta all'acquisizione di una conoscenza. È legata all'aspetto maschile e solare.

L'EDERA: L'edera è legata all'aspetto femminile e lunare. Rappresenta la Dea in tutti i suoi aspetti e protegge dalla negatività.

LA CANNA DI PALUDE: La canna di palude o giunco cresce in ambienti acquosi quindi è legata all'acqua. Il suo simbolismo è legato al segreto che viene sussurrato tra le sue foglie, alla regalità e al potere. è una pianta che rappresenta il maschile.

IL SAMBUCO: Il sambuco ha foglie verdi, fiori bianchi e bacche nere, per questo motivo è associato alla Triplice Dea: nascita, crescita e morte. Era anche il protettore della famiglia e veniva piantato vicino ai luoghi abitati dagli umani per proteggerli. Non deve essere tagliato.

L'ABETE: L'abete è l'albero della nascita, della benevolenza delle divinità, dell'immortalità, della promessa della vita.

IL GINESTRONE: Il ginestrone cresce in suoli poveri e con le sue sostanze li rende ricchi. Per questo motivo rappresenta lo sviluppo e la crescita che avvengono nonostante le difficoltà.

L'ERICA: Nella storia l'erica era il letto del viaggiatore e anche nelle case veniva raccolta per creare giacigli. Si dice che un letto d'erica sia in grado di restituire la forza. Simboleggia la buona fortuna e porta passionalità, amore e compagnia. I suoi fiori erano pegni d'amore per le giovani coppie.

IL PIOPPO: il pioppo è un intermediario tra i mondi e si dice che le sue foglie siano in continuo movimento perché ricevono i segreti del Sidhe (l'Altromondo celtico). Portato addosso si dice porti lunga vita.

IL TASSO: il tasso è l'albero del buio. Per la sua velenosità è collegato alla morte e quindi anche alla rinascita, per questo era anche considerato albero della forza e della guarigione.

L'OLIVO: L'olivo è presente nella simbologia e nei miti fin dalla preistoria, è un simbolo di pace, saggezza, fertilità, prosperità, euforia, fortuna e vittoria. Quest'albero non ha origini celtiche, in quanto era coltivato ed utilizzato nel Mediterraneo, per via del clima favorevole al suo sviluppo. Lo citiamo però qui perché è un albero che può essere facilmente trovato nelle location e nei luoghi adatti ad un matrimonio all'aperto, ormai anche in Nord Italia.

CONCLUSIONI

Scrivere da soli la propria cerimonia di matrimonio è possibile, e come hai visto ci sono tantissimi modi in cui questa può svolgersi, dall'atmosfera più spirituale a quella più laica.

Per quanto ne dicano i celebranti o gli organizzatori di matrimoni con cui ho avuto a che fare, avere un amico o un parente che conduca la cerimonia, secondo me rimane la scelta migliore di tutte perché donerà alla cerimonia quell'intimità e dolcezza che non potrebbe avere altrimenti.

In ogni caso, se dopo la lettura di questo libro vuoi comunque che sia io ad aiutarvi nella scrittura della cerimonia e/o nella celebrazione della stessa, sono qui per voi.

Se vuoi scoprire di più sui miei servizi per la cerimonia puoi andare sul mio sito www.federicacosentino.it

Sul sito troverai anche il servizio di organizzazione totale del matrimonio e quello di organizzazione della sola. Li trovi entrambi alla voce servizi.

Se vuoi scoprire di più su organizzazione, ispirazione, matrimonio celtico e spirituale, troverai un blog ben nutrito.

Ed infine, se vuoi sapere di più di me, mi trovi sui social.

Buona scrittura!

INFORMAZIONI SUGLI AUTORI

Federica Cosentino è la prima nature wedding planner in Italia.
Dal 2018 organizza matrimoni nella natura
che abbiano un grande valore emozionale e simbolico.
È specializzata in matrimoni simbolici e spirituali, con una grande
attenzione verso i matrimoni celtici.

Fondatrice de La via del Fuoco, per la riscoperta dei valori antichi nel
mondo moderno. Si occupa di ricercare le antiche tradizioni del
territorio anche nell'ambito del matrimonio.

I suoi contatti sono:
info@federicacosentino.it
+39 349 3378643
INSTAGRAM @federica_cosentino_wp
www.federicacosentino.it
www.laviadelfuoco.com

Simone Leonardi è un esperto nell'analisi empatica del linguaggio, che ha perfezionato durante il suo dottorato in ingegneria informatica e che ora applica per comprendere i sentimenti e le aspettative delle persone e trasformarli in un testo emozionante e rappresentativo.

Appassionato di antropologia culturale, studia da più di cinque anni i riti di iniziazione e di passaggio delle culture antiche. Osserva nel mondo moderno quei simboli e rituali che evocano un senso di appartenenza al territorio, alla società e alla natura.

I suoi contatti sono:

info@loscrittoreombra.it
+39 3351404107
INSTAGRAM @loscrittoreombra
www.loscrittoreombra.it

GLI ALTRI LIBRI DELL'AUTRICE

LE DEE IN CERCHIO

Riscoprire i poteri del Femminino sacro
attraverso i miti delle dee del Nord

Disponibile su Amazon in versione cartacea e Ebook

Inquadra il QR Code per scoprire il libro

Printed by Amazon Italia Logistica S.r.l.
Torrazza Piemonte (TO), Italy

58438749R00097